그리움은 아무에게나 생기지 않습니다

그리움은 아무에게나
생기지 않습니다

1판 1쇄 발행 2021년 12월 31일
4쇄 발행 2022년 1월 20일

저 자 박근혜
엮은이 유영하

발행인 강용석, 김세의
책임편집 김규나, 성채린, 정은이
디자인 권성희

ISBN 979-11-966619-8-4 03300

발행처 가로세로연구소
주소 서울특별시 강남구 가로수길45, 3층 (신사동, 대영빌딩)
전화 02-597-5588
팩스 02-511-5140

그리움은 아무에게나
생기지 않습니다
가로세로 연구소

|서문| **박근혜 대통령**

서울 구치소에서의 생활이 어느덧 4년 9개월로 접어들고 있습니다.

돌아보면, 대통령으로서의 저의 시간은 언제나 긴장의 연속이었습니다. 오늘은 언제, 어디에서, 누구를 만나고, 어떤 주제로 이야기를 해야 하는지, 늘 시간을 쪼개서 일을 하면서 참으로 숨 가쁘게 지냈습니다. 국민에게 조금이라도 나은 삶을 드리기 위해 시간이 어떻게 흘러가는 지도 모르게 노력했습니다.

하지만, 믿었던 주변 인물의 일탈로 인해 혼신의 힘을 다했던 모든 일들이 적폐로 낙인찍히고, 묵묵히 자신의 직분을 충실하게 이행했던 공직자들이 고초를 겪는 모습을 지켜보는 것은 참을 수 없는 고통이었습니다. 무엇보다도, 정치를 처음 시작할 때부터 함께 했던 이들이 모든 짐을 제게 지우는 것을 보면서, 삶의 무상함도 느꼈습니다.

그러나, 누구를 탓하거나 비난하고 원망하는 마음도 버렸고, 모든 멍에는 제가 짊어져야 한다고 생각합니다.

많은 실망을 드렸음에도, 따뜻한 사랑이 담겨있는 편지를 보내주시는 국민 여러분이 있어 지금까지 견뎌낼 수 있었습니다.

오늘은 어떤 분이 어떤 이야기를 보내주실지 기다려지고 설레기도 하였습니다.

편지를 받으면 편지에서 전해지는 국민 여러분의 따뜻한 마음과 이야기들이 작고 외진 저의 이 공간을 가득 채우곤 하였습니다.

간혹, 답장을 간절히 원하시는 분들도 계셨고, 깊은 울림을 주신 편지글에는 답장도 드리고 싶었지만, 이곳 사정상 그렇게 할 수 없음이 무척 안타까웠습니다.

어떻게 하면 저의 마음을 국민 여러분께 전해드릴 수 있을까? 하는 고민을 하다가 여러분의 편지에 저의 답장을 묶어 책으로 내면, 편지를 주신 분들께 간접적으로나마 답신을 드리는 게 되지 않나? 라는 생각이 들어 변호인과 상의를 하였습니다.

수만 통의 편지들 가운데서 책에 실을 편지를 추리는 것이 어려워서 근 1년의 시간이 필요했습니다. 모든 분의 편지를 다 실을 수가 없어 안타깝습니다.

여러분의 깊은 이해를 구합니다.

끝으로, 가장 깊은 어둠의 시간들을 마다하지 않고 함께 해 주시며 격려와 사랑을 주신 국민 여러분께 감사하다는 말씀을 드립니다.

언제가 될지 모르지만, 국민 여러분을 다시 뵐 날이 올 것입니다.

어려운 시기이지만 국민 여러분 모두 힘내시기를, 그리고 항상 건강하고 행복하시기를 바랍니다.

2021. 12. 박근혜 드림

|엮은이의 글| 유영하 변호사

대통령의 변호인으로 5년이라는 시간이 흘렀습니다.

지난 시간은 누군가에게는 말없이 흘러갔지만, 2016년 11월에 시작된 저의 겨울은 아직 끝나지 않고 있습니다.

돌아보면, 대통령은 세상의 사사로운 이익은 늘 관심 밖이었습니다. 오직 대한민국의 발전과 국민의 행복만이 당신 삶의 모든 것이었습니다. 지금, 모든 것을 잃은 대통령의 곁에는 아무도 남아 있지 않습니다. 이름 모를 민초들만이 안쓰럽게 바라보고 있을 뿐입니다.

어쩌면, 대통령에게 세상은 늘 감옥이었을 지도 모릅니다.

작년 이맘때, 접견 중에 대통령께서 "가끔 답장을 보내드리고 싶은 편지가 있다"라는 말씀을 하셔서, "지금까지 받으신 편지 중에서 일부를 모아 책으로 내는 것은 어떠시냐?"라고 조심스럽게 말씀을 드렸습니다.

막상 책으로 발간을 하려고 하자, 가장 힘든 것이 수만 통의 편지 중에서 책에 담을 편지를 추려내는 것이었습니다. 근 1년의 시간이 필요했습니다.

그 후, 편지 원본의 내용을 최대한 그대로 싣기로 했지만, 일부 문맥상 오류가 있거나 불필요한 오해가 있을 수 있는 부분들은 삭제하거나 수정을 하였습니다.

이런 과정을 지나 책으로 내기까지는 가세연의 김세의 대표와 강용석 변호사의 도움이 컸습니다. 그리고 감수를 담당했던 김규나 작가, 오타 수정 등을 맡아주었던 정은이, 성채린 작가에게도 진심으로 감사의 말씀을 전합니다.

무엇보다도, 한결같은 마음으로 사랑과 지지를 담은 편지를 대통령께 보내주셨던 많은 국민께 엮은이로서 정말로 고맙고, 감사하다는 인사를 드립니다.

빛이 없는 깊은 어둠 속에서 홀로 서 있는 대통령께 여러분들의 편지는 한 줄기 빛과 같았습니다.

끝으로, 단 하나의 바람이 있다면, 유독 추위를 많이 타는 대통령을 을씨년스러운 구치소에 남겨둔 채 나오면서 느껴야 하는 이 먹먹함을 새해에는 느끼지 않았으면 합니다.

2021. 12. 유영하

차례

제1장

2017년

하늘이 무너지던 해

대통령의 탈북 동포 사랑

디스크로 허리통증을 견디면서도 무너져가는 이 나라를 안타까운 마음으로 지켜보는 탈북민입니다. 사법부의 탄핵조작 폭풍에 맞서 담담히 싸우고 계신 대통령님을 생각하며 감히 편지를 쓰게 되었습니다. 대통령님의 고통으로 대한민국의 많은 국민들이 깨어나고 있습니다. 국가의 비정상화가 정상화되어 악의 칼을 쥔 반란의 무리들이 국민의 심판을 받을 날이 반드시 오리라 봅니다. 수많은 국민들이 진정한 정의를 위해, 비정상을 정상으로 돌려놓기 위해 각자 맡은 본분을 다하고 있다는 것도 분명히 말씀드릴 수 있습니다.

75세 되신 저의 어머니 댁에 가면 침대 머리맡에 '무궁화 다시 피어나리. 대한민국 여성 대통령 승리!'라는 글귀가 붙어 있습니다. 어머니뿐 아니라 이 나라 수많은 국민들의 염원일 것입니다. 박근혜 대통령님의 탈북 동포 사랑에 늘 감사하며 살아왔지만 이런 상황에서 딱히 할 수 있는 것이 없는 저는 때로 자괴심과 울분 그리고 분노를 넘나들며 혼돈 속에 헤매고 있습니다.

하지만 더 이상 주저앉지도, 주춤거리지도 않을 것입니다. 대한민국을 위해 강철보다 더 든든한 모습으로 견뎌주시리라 믿으며, 대한민국의 무궁한 발전을 위해, 대통령님의 명예 회복의 그날을 위해 국민의 한 사람으로 올바른 대한민국 사회를 위해 당당히 제 몫을 다하겠습니다.

2017년 11월 24일 이OO

제주도 제주시 도련일동

보내주신 따뜻한 글을 잘 읽었습니다. 디스크로 인한 허리통증은 좀 나아지셨는지요? 빠른 쾌차를 바랍니다. 누구보다도 자유의 소중함을 잘 알고 계실 것으로 생각합니다. 아픈 몸으로도 이 나라를 위해 노력하시는 모습이 너무나 고맙고 감사합니다. 어머님께도 안부를 전해주셨으면 합니다. 님의 말씀처럼 대한민국은 앞으로도 무궁한 발전이 있을 것입니다.

역사 앞에 우뚝 서는 그날까지

지금 얼마나 외롭고 쓸쓸하실지 짐작조차 되지 않습니다. 저는 대구 출신으로 대구에서 대학을 나온 뒤 서울에 올라와서 직장 생활을 하고 있는 40대 가장입니다. 직장은 서울에 있고, 집은 용인에 있습니다. 글씨도 예쁘게 쓸 줄 모르고 필력도 딸리는 제가 대통령께 글을 쓰는 이유는, 너무도 원통하고 마음이 아프기 때문입니다.

저는 이번 탄핵 사태가 없는 죄를 만들어서 뒤집어씌운 정치적 쿠데타라고 생각합니다. 헌법재판소와 선거라는 형식만 빌렸을 뿐, 본질은 대한민국과 국민에 반하는 쿠데타입니다. 우리나라의 사법 체계가 이렇게 허술한지 몰랐습니다. 언론계에 진실을 알리려는 사람이 이렇게도 없나, 참 의문입니다. 모두가 권력욕과 돈 욕심에 정신을 놓은 것 같습니다. 사법계, 노동계, 언론계의 작당과 정치인들의 호응으로 대한민국 체계가 이렇게 허술하게 무너질 수 있다는 게 놀라울 따름입니다.

국민 수준도 문제입니다. 광우병 사태, 효순이 미선이 교통사고 등, 언론 선동이 거짓으로 판명되는 것을 이미 여러 번 겪어 보았음에도 계속해서 같은 종류의 선동에 넘어갑니다. 세월호도 교통사고의 일종이고 선박회사 책임자에게 일정 수준 이상의 책임을 물을 수 있는 정도입니다(전결권을 포함하면 더욱 그렇습니다). 이번 탄핵 사태도 과거 언론이 선동했던 것과 뭐가 다를까 생각합니다. 국민 수준이 그런 것인지, 용기 있는 언론과 원칙을 존중하는 사법 체계를 아직 갖추지 못했기 때문인지 모르겠습니다. 체제는 있지만 물욕과 주체사상에 빠져 있는 구성원들의 권력남용이 문제인지도 모르겠습니다.

대통령님의 업적은 너무도 많습니다. 전교조 불법화, 통진당 해체 그리고 개성공단 폐쇄는 북한의 정체를 너무도 잘 알고 계셨기에 가능한 정책이었습니다. 공무원 연금 축소, 대기업 귀족 노조의 임금 축소 등의 경제 정책도 단기적으로는 대통령님의 인기를 떨어뜨릴 결정이었지만, 장기적으로는 대한민국에 꼭 필요한 것이었습니다. 남북 대치 상황에서 지나치게 종북하는 사람에게 불이익을 주고 관리하는 것도 필요한 일이었습니다. 더구나 허울 좋은 명분으로 포장해서 암약하니 반드시 해야 할 일이 아니었겠습니까?

탄핵 관련해서 언론이 떠든 것들이 전부 거짓임이 드러났는데도 언론은 정정도, 사과도 하지 않고 계속해서 다른 거짓들을 방송했습니다. 그것을 근거로 재판하고 탄핵했으니 정말 창피한 수준이라 생각합니다.

지금 얼마나 힘들고 괴로우실까요. 저도 억울하고 서러워서 감정이 북받쳐 올라 고함을 지른 적이 한두 번이 아닙니다. 사람에게, 특히 믿는 사람에게 배신을 당하면 너무나 마음이 쓰립니다. 저의 사회생활을 돌아봐도 작은 조직 안에서조차 권력과 이권에 목숨 거는 사람들이 많았습니다. 하지만 지나고 보면 그런 사람이 잘돼서 오래 가지는 않더군요. 제 작은 경험이 무슨 의미가 있겠습니까만, 이번 탄핵 건도 사필귀정이 될 것으로 확신합니다.

저는 지난번 투표에서 박근혜 대통령님의 결백과 탄핵 무효를 주장하겠다는 사람을 찍었습니다. 앞으로도 그럴 겁니다. 하지만 선거 때는 전부 대통령님을 위한다고 했던 사람들이 선거가 끝나니 말과 행동이 달라지네요. 대한민국의 보수, 아니 전 국민은 박정희 대통령께 빚을 지고 있다고 생각합니다. 그런데 거짓 탄핵 사태로 따님이신 대통령께 또 못된 짓을 했으니 더 큰 빚을 진 것입니다. 하지만 지금도 박근혜 대통령님을 걱정하고 사랑하는 사람들이 많습니다. 힘내시고 견뎌주십시오! 대한민국의 중심으로 대통령께서 다시 우뚝 서는 모습을 꼭 보고 싶습니다.

2017년 11월 27일 곽OO

경기도 용인시 수지구 풍덕천동

사람들의 민낯은 어려울 때 드러난다고 생각합니다. 평소에는 자신의 민낯을 화장으로 가리다가 결정적인 순간에 그 민낯을 드러내는 것이 사람인가 봅니다. 힘들 때 보내주신 님의 말씀은 제게 큰 힘이 되었습니다. 거짓은 잠시 사람들의 눈을 가리고 귀를 막아 세상을 속일 수 있겠지만 시간이 지나면 진실이 그 모습을 반드시 드러낼 것으로 믿고 있습니다. 잘 견디겠습니다.

저 같은 사람도 살려고 노력합니다

또 한 해가 저물고 날씨가 추워지니 몹시 걱정이 됩니다. 저는 48세의 뇌성마비 환자입니다. 한 번도 일어나 걸어보지 못한 채 부모님에게 의지하며 살아가고 있는 사람입니다. 왜 제가 이런 말씀 드리느냐 하면, 저

같은 사람도 살려고 무척 노력하고 있다는 것입니다. 대통령께서도 절대 건강 지키시고 용기 잃지 마십사 하는 겁니다. 우리들을 위해서 또 힘을 내어 주십사 하는 것입니다.

2017년 12월 안OO

경기도 양평군 강하면 성덕리

보내주신 서신을 읽으면서 가슴이 뭉클해졌습니다. 불편하신 몸임에도 오히려 저를 걱정해 주시고 용기와 힘을 주신 님의 마음을 잘 간직하겠습니다. 건강 잘 챙기시고 행복한 연말을 보내시기를 바랍니다.

덕분에 행복했습니다

다섯 살 아들, 네 살 된 딸을 키우며 인천에 사는 엄마, 임OO입니다. 대통령께서 취임하시던 즈음, 2013년 2월 1일에 간절히 기다리던 첫아이를 낳았습니다. 대통령님 덕분에 육아 지원비와 누리과정으로 아이들을 잘 키울 수 있었던 것을 항상 감사하게 생각하고 있습니다.

또 '안심전환대출'로 은행들이 경쟁적으로 저금리대출 상품을 내놓은 덕에 부담스럽던 주택담보대출 이자도 줄일 수 있었고, 부동산 경기가 활성화되어 건축 경기도 좋아져서 생활에 여유가 생겨 안정적으로 아이들을 키울 수 있었습니다. 뉴스도 잘 안 보던 저였지만 한 번씩 방송에서 당당하게 연설하시는 모습을 볼 때면 우리 대한민국의 멋진 여성 대통령이 참 자랑스러웠습니다. 그 밖에도 여러 가지 합리적이고 편리한 행정개선 정책 등을 보며 참 센스 있다고 생각하며 흐뭇하게 미소 지었습니다.

사람들은 원론적인 얘기들을 많이 하지만 대통령님의 성품에 비추어 대통령님 입장에서 마음을 헤아리면 많이 이해가 됩니다. 우리 국민에게 정치 이념을 심어주기보다는 그런 것들을 초월해서 행복한 인생을 선사하는 게 대통령님의 목표였다는 생각이 듭니다. 대통령께서 취임사에서 말씀하셨던 그대로, '국민행복' 그 자체가 대통령님의 뜻이었죠. 자원은 없지만 인재를 키워내는 우리나라의 특성을 살려 미래의 고부가가치 산업인 문화 체육 사업과 무에서 유를 창조할 수 있는 과학적 산업의 토대를 만들고 싶으셨던 거죠.

전부는 아니지만 대통령님의 마음을 국민들이 느낄 수 있기에 역사상 가장 거대하고 세찬 미디어 선동에도 변함없이 대통령님을 사랑하는 국민이 있는 것입니다. 대통령님, 부디 건강관리 잘 하시기 바랍니다. 사랑합니다.

2017년 12월 5일 임OO

인천시 부평구 부평동

"모든 백성이 세상에 태어나 자기 생업을 갖고 살아가는 것을 기쁨으로 알게 하고 싶었던 것이다. 여기에는 신분의 높고 낮음이나 직업의 귀천이 있을 수 없었다." 이 같은 생생지락(生生之樂)이 세종

대왕의 통치 철학이었다고 합니다. 저의 정치 생활에서 끝없이 영감을 주고 등대처럼 길을 밝혀주었던 신념이었습니다. 안보에 온 힘을 쏟은 것도 이 생생지락을 이루려면 먼저 국가를 지키는 틀이 견고해야만 한다고 믿었기 때문입니다. 실제로 제가 가졌던 이러한 목표와 이를 위해 노력했던 여러 정책들이 국민들께 얼마나 도움이 되었는지가 궁금하였는데 편지글을 읽으면서 조금이나마 도움이 된 것 같아서 기쁘고 감사했습니다.

아버지가 남긴 통일헌장

저는 통일준비위원회에서 활동하셨던 故 강OO 위원의 딸 강OO이라고 합니다. 저와 어머니는 대통령께서 아버지 생전에 그리고 돌아가셨을 때 보여주신 배려에 늘 감사한 마음을 갖고 있습니다. 잘 아시겠지만 아버지는 대통령께서 추진하셨던 통일 관련 정책을 적극 지지하셨고, 통일을 조금이나마 앞당길 수 있는 일을 할 수 있는 기회를 갖게 된 것을 매우 자랑스러워 하셨습니다. 간혹 청와대에서 대통령님을 뵙고 오시는 날이면, "대통령께서 열심히 일하시니 곧 통일이 될 거다."라고 말씀하시곤 했습니다.

모든 원칙이 무너져 내린 지금, 그럼에도 법과 원칙을 수호하고 국가의 품격을 지켜 내고자 애쓰시는 대통령께 늘 큰 감화를 받습니다. 가끔은 '이게 나라인가?' 하는 자괴감이 들지만 그 추운 곳에서도 나라를 걱정하고 국민을 사랑하는 마음이 전해지는 대통령님의 소식에 마음을 추스르게 됩니다.

대통령님, 얼마 전 저희 아버지의 유고집을 출간했는데, 통일준비위원으로 작성하셨던 '통일헌장' 초안이 있어 보내 드립니다. 작성하실 때 고민하시고 수없이 수정 작업을 하셨습니다. 이렇게나마 대통령께 전하게 되어 아빠도 무척 기뻐하실 거라 생각합니다.

많은 사람들이 대통령님을 믿고 기다린다는 사실을 잊지 말아 주시기 바랍니다. 건강 유의하시고, 곧 대통령님을 뵐 수 있기를 기도하겠습니다.

통일헌장

유라시아 대륙 동녘 동북아시아의 중심에 위치한 한반도는 수천 년 동안 한민족이 함께 어울려 살아왔고, 앞으로도 대를 이어 그 후손들이 살아갈 약속과 미래의 땅이다.

하나의 혈통과 언어, 문화를 가꾸며 때로는 고난과 역경을 이겨내면서 이어져 온 하나의 나라가 두 개로 갈라진 것은 제2차 세계대전의 결과라고는 하지만 한민족에는 물론 세계사의 진운(進運:진보할 기운)과도 거슬리는 세기의 비극이었다고 하지 않을 수 없다.

그러나 이제 한 몸을 둘로 갈라놓은 것과 같은 분단 상태가 더 이상 계속 되어서는 안 된다는 한민족의 절실한 염원과 국제 사회의 대의 앞에 두 개의 나라가 하나의 나라로 다시 태어나기 위한 큰 걸음을 내딛기로 함을 남북한과 해외에 살고 있는 8천만 민족의 뜻을 모아 통일 헌장을 제정, 세계만방에 선포한다.

먼저 통일된 한반도는 민족의 번영과 복락뿐만 아니라 동북아의 안정과 세계평화를 위해서도 크게 기여하는 나라가 될 것임을 밝힌다. 그동안 분단과 전쟁 그리고 혹독한 빈곤을 극복하고 오늘의 반전을 이룩한 새로운 한국은 어떠한 억압이나 불평등도 없는 나라, 공동체 구성원 모두가 행복을 누리며 당당하게 살아가는 그런 사회를 이룩할 것이며, 국제 사회의 성실한 일원으로서 이웃나라는 물론 세계 모든 나라의 다정한 친구가 도리인 것이다. 다시 말하면 새로운 통일 한국은 지난날의 아픈 경험을 살려 인류의 공동 번영과 세계 평화를 위해 어느 나라보다 헌신하리라는 것이다. 또한 통일한국은 인류공동의 과제인 지구의 위기를 극복하는 데 땀과 지혜를 보탤 것이며 세계의 새 역사를 써 나갈 미래의 주인공인 젊은이에게도 꿈과 희망을 심어주는 데 앞장설 것이다.

밤이 깊어지면 새벽이 가까이 왔음을 알 수 있듯이 바야흐로 오랫동안 참고 기다려온 분단시대가 막을 내리고 통일의 여명이 밝아오려 하고 있다.

분단은 외세에 의해 강제로 이루어졌지만 통일은 동시대를 사는 민족구성원 모두의 자주적 노력 없이는 이루어 질 수 없다. 지금부터라도 민족 화해와 통일의 이정표를 가다듬어 남북 간에 가능한 통로와 교량을 놓고 언젠가 지구촌 곳곳에 울려 퍼질 한민족의 대합창을 준비해야 할 것 아닌가!

그날이 오면 개개인의 꿈과 행복을 실은 유라시아 열차가 삼천리 금수강산을 달리고 한반도 상공에도 다시 미사일 대신 철새 떼가 나는 평화가 찾아오지 않겠는가. 그것이 바로 우리 모두가 원하는 통일이며 한민족과 세계인의 소망인 것이다.

2017년 12월 6일 강OO

서울시 용산구 한남동

故 강OO 의원님은 통일에 대해 큰 관심과 열정을 가지고 활동하셨던 분으로 기억하고 있습니다. 저에게도 많은 격려를 주시고 큰 힘이 되어 주셨습니다. 생전에 통일을 보셨더라면 얼마나 기뻐하셨을까요? 통일 준비 위원으로 남기고 가신 '통일헌장' 초안의 정신이 실현되는 날이 반드시 올 것이라고 믿습니다. 서신 보내주셔서 감사합니다.

월남전 참전 유공자입니다

날씨가 많이 춥습니다. 고통 속에 인내하시는 대통령님을 생각하니 마음이 저려옵니다. 어떠한 어려움이 닥치더라도 대한민국과 국민을 생각해서 절대 포기하거나 굴복하지 말아주세요. 당신은 혼자가 아닙니다. 우리나라, 우리 대통령입니다. 당신을 바라보고 있는 국민은 잘 알고 있습니다. 많은 국민이 대통령님을 위해 기도하고 있답니다.

저는 청룡부대 대원으로 월남전에 참전했던 대한민국의 유공자입니다. 얼마 전 추모일에 앞서 구미의 박정희 대통령님 생가를 찾았습니다. 백성의 배고픔을 해결해 주신 박정희 대통령님과 그 뜻을 이어 국가와 국민을 사랑하신 박근혜 대통령님을 생각하니 어찌나 눈물이 나던지 앞을 볼 수가 없더군요. 해설사 분이 마음의 위로를 많이 해주어서 간신히 정신을 차리고 참배를 마쳤답니다. 사랑하는 내 나라, 나의 대통령은 박근혜 대통령이십니다. 역도들과 반역자는 대한민국 역사가 판단할 것입니다.

국민들은 대통령님의 청빈함을 깨우치고 있습니다. 국가와 국민을 위해 얼마나 많은 고민과 노력을 쏟으셨는지, 얼마나 큰 업적들을 이루어 놓으셨는지도 이제야 겨우 알아가고 있답니다. 욕설 뒤섞인 원성을 들으며 이루어 놓은 업적이 지금 빛나고 있습니다. 특히 젊은 대학생들이 왜 이 나라가 이렇게까지 되었는지를 깨달아가는 것 같습니다. 세계 많은 나라에서도 대통령님의 덕목과 인품을 알고 있다고 합니다. 나라 밖에서도 많은 분들이 대통령님의 구명을 위해 힘을 합치고 있습니다.

제가 배움이 짧아 대통령님의 마음을 조금이라도 더 편안하게 해드리지 못해 죄송합니다. 하지만 저는 압니다. 당신의 성공이 곧 나라의 성공입니다. 대통령님, 어머니는 강합니다. 대한민국의 어머니라는 마음으로 철없는 자식 같은 국민을 위해 인내하여 주십시오. 힘은 있을 때 내는 것이 아니고 없을 때 내는 것입니다. 부디 용기내 주세요.

2017년 12월 10일 심OO

경상남도 김해시 전하동

갈라 터진 메마른 땅을 적시는 단비가 내리듯 진정 어린 위로의 말씀이 제 마음에 촉촉이 스며드는 듯합니다. 오늘날 우리나라가 이만큼 발전하게 된 밑바탕에는 님과 같은 월남전 참전 유공자들의 헌신이 있었다는 것을 저는 잘 알고 있습니다. "힘은 있을 때 내는 것이 아니고 없을 때 내는 것입니다."라는 말씀대로 이곳에서 힘을 내보겠습니다.

그래도 희망을!

용기를 내어 이렇게나마 안부 인사를 여쭙니다. 몇 번이고 적다가 말았습니다. 이 또한 중도에 포기할 수 있지만, 다시 한번 적어봅니다. 말도 안 되는 기막힌 세상, 어디다 하소연 할 수도 없어 서울에 올라가 태극기만 흔들다 오는 게 전부이지만, 그거라도 안 하면 역사의 죄인이 되는 것 같아 춥고 더운 줄도 모르고 다녀옵니다.

여기는 진천인데 시골 분들은 TV에서 나오는 거짓 뉴스만 보고 저를 정신병자 취급합니다. 기존 방송이나 종편에서는 정말 해도 해도 너무 한다 싶을 정도로 말도 안 되는 거짓과 저주를 퍼붓습니다. 친구들도 TV에서 하는 말만 듣고 끔찍한 이야기를 내뱉으니, 점점 멀어집니다. 그래도 저는 제가 옳다고 확신합니다. 2년 전 당한 교통사고 후유증으로 온몸에 골병이 든 데다 허리 디스크 판정까지 받았지만, 시외버스를 타고 열심히 서울을 오갑니다. 사저로 나오시던 날, 삼성동에 갔다가 막차를 놓쳐서 고생한 기억도 있습니다. 하지만 그보다 더한 고통도 인내할 수 있으니 제발 밝게 웃으시는 얼굴, 다시 뵐 수 있기를 매일 기도합니다.

추운 계절, 어떻게 지내실지 생각하면 가슴이 미어집니다. 어느 날은 밤새 운 적도 있지요. 어찌 이리 끔찍하고 무서운 음모의 덫에 걸리셨을까? 대한민국의 운명이 악의 구렁텅이에 빠진 걸까? 무슨 신의 장난이 이렇게 가혹하단 말인가? 머릿속에 떠오르는 신이라는 신은 다 원망해 봅니다.

혹시나 좋은 소식이 있을까 해서 여러 유튜브 방송들을 찾아봅니다. 언론이라는 게 엄청 중요하단 생각을 이 촌구석 아줌마가 느낄 정도면 큰일인 거겠죠? 쓰레기 언론, 기레기들, 무너진 법치에 좌절하지만 솟아날 구멍이 있으리라 믿으며 오늘도 사실을 밝히려는 의로운 분들에게 희망을 걸어 봅니다. 진실은 거짓의 산을 넘을 수 있고, 고통은 따르겠지만 선이 반드시 이긴다는 진리를 믿기에 희망을 잃지 않습니다.

저희 가족은 새벽부터 밤늦게까지 열심히 일합니다. 작년에는 일이 없어 고생했지만, 올해는 성실히 일하는 걸 인정받아 다행히 바쁘네요. 이런 우리 가족한테는 박정희, 박근혜 대통령만이 영원한 대통령이십니다.

부디 대통령께서 희망을 버리지 마시고 목소리를 내주셨으면 좋겠습니다. 현재 상황에 참는 게 능사가 아니라는 생각이 드네요. 너무 잘못된 방향으로 가는 것 같아 마음이 무겁습니다. 내일 또 해가 뜨듯이 활기차게 역동하는 대한민국이 되도록 박근혜 대통령님이 다시 꼭 오셨으면 좋겠습니다.

2017년 12월 13일 조OO

충청북도 진천군 문백면 구곡리

추운 날씨에도 불구하고 나라를 걱정하는 마음으로 애쓰시는 분들의 마음을 잊지 않고 있습니다. 여러분들이 언론에 보도된 내용을 편지로 보내주셔서 여기서도 내용을 알고 있습니다. 언젠가 언론도 확인되지 않은 무책임한 보도에 대한 책임을 져야 할 날이 올 것이라고 생각합니다. 님의 말씀처럼 참는 것이 능사가 아닐 수도 있겠지만 지금은 참고 견디어 내야 할 시간인 것 같습니다. 때가 되면 진실은 드러날 것입니다. 긴 시간이 될지도 모르지만 그날이 반드시 올 것입니다.

첫사랑에게 보내는 편지처럼

대통령께 첫 편지를 부치러 가던 날은 햇살이 따뜻한데도 몹시 추웠습니다. 요즘은 사람들이 편지를 잘 쓰지 않아서인지 동네를 헤매다 겨우 빨간 우체통을 찾았습니다. 늘 그 자리에 있었을 텐데 무심히 지나친 탓에 우체통이 있다는 걸 전혀 인지하지 못했습니다. 반가운 나머지 우체통과 대화까지 시도합니다. “여기 있었구나. 얼마나 찾았는데.” 우체통을 쓰다듬기까지 합니다. 편지를 우체통 안으로 넣을 때는 첫사랑 애인에게 편지를 부쳤던 그때처럼 떨리기까지 합니다. 그 순간 별별 생각을 다 합니다. 내가 쓴 이 글이 대통령께 조금이나마 위로가 될 수 있을까? 어떤 글을 적어야 힘이 되고 작은 웃음이라도 짓게 해드릴 수 있을까? 하지만 저는 걱정들을 지웁니다. 제가 대통령님을 결코 잊지 않고 있다는 마음만 전달되었으면, 하고 바랄 뿐입니다.

제가 살고 있는 곳은 감계 근교의 신도시입니다. 젊은 층들이 주로 살고 있어서 단지 내에는 시끄럽게 뛰어노는 아이들의 웃음소리와 때로는 요란하게 울어재끼는 소리도 들리는 그런 동네입니다. 여름에는 아파트 광장 분수대 주변에서 뛰어노는 아이들의 에너지가 엄청납니다. 겨울에는 창문을 닫고 살아 아이들의 소란한 열기는 줄었지만 가끔씩 산책할 때면 인라인 스케이트와 보드, 자전거를 타며 씽씽 달리는 아이들의 가벼운 몸놀림과 유연성에 감탄하며 발걸음을 멈추기도 합니다. 어린아이들이 자유롭게 소리 지르며 마음껏 뛰놀 수 있는 이런 세상이 영원하길 바라봅니다. 우리가 누리고 있는 자유와 웃음이 천년만년 갈 것이라고 당연하게 여기며 의심조차 못하던 시절에는 하지 않던 생각이었습니다. 그러나 이제는 평범한 일상이 감사하게 생각될 정도로 '자유 대한민국'이라는 말조차 가슴속에서 슬픔으로 다가옵니다.

무더운 여름날이 가고 차가운 겨울이 다가온 지금도 늘 걱정하는 저를 봅니다. 한여름에는 너무 무더워서 어떡하시나, 차가운 겨울날은 또 어떻게 보내실까. 아무런 도움도 드릴 수 없어 안타까워하는 수많은 사람들이 저와 같은 심정일거라 여겨집니다. 대통령님, 우리는 반드시 다시 만날 것입니다. 항상 건강하시고 저와 같은 사람의 마음을 헤아리시어 굳건히 견뎌주십시오.

2017년 12월 13일

경상남도 창원시 의창구 북면 감계로

겨울의 문턱으로 접어들고 있습니다. "편지를 우체통 안으로 넣을 때는 첫사랑 애인에게 편지를 부쳤던 그때처럼 떨리기까지 합니다."라는 구절을 읽으면서 웃음이 나왔습니다, 한편으로 따스한 마음을 느낄 수 있어 저도 따뜻해졌습니다. 또한 "이제는 평범한 일상이 감사하게 생각될 정도로 '자유 대한민국'이라는 말조차 가슴속에서 슬픔으로 다가옵니다"라는 말씀에 마음이 많이 무거웠습니다. 하지만 우리 자유 대한민국은 그리 허약하고 호락호락한 나라가 아닙니다. 우리가 지켜낸 자유는 그 어떤 세력도 이를 훼손할 수 없습니다. 이곳 구치소에서의 생활이 바깥에서의 생활에 비하면 열악하고 힘든 게 사실이지만 다시 만날 날을 기다리면서 꿋꿋하게 이겨내겠습니다.

빨간 날 표시가 된 달력

탄핵정국만 아니었다면 오늘이 대통령 선거 날이네요. 빨간색 표시가 되어 있는 달력을 보면서 가슴이 찢어집니다. 가장 깨끗한 정권을 파토 낸 무리들은 역사의 큰 죄인이 되었습니다. 전 세계는 한국의 현 상황을 납득하지 못하고 있습니다. 유독 감성적인 우리 국민이 거짓 선동에 속았습니다. 하지만 많은 태극기 시민들이 억지 탄핵과 거짓 선동임을 알고 1년 열두 달 진실을 외칩니다. 진실이 밝혀져야만 대한민국이 한 단계 업그레이드되리라 생각합니다.

오늘은 시아버님의 기일입니다. 큰며느리라 이틀 전부터 장 보고 제사 음식을 준비하는 모습이 고생스러워 보였던지 남편이 미안하다고 합니다. "고생은 무슨, 재미있어요."라 대답하고 맘 편하게 출근시켰습니다. 힘들지 않은 건 아니지만 음식이 만들어져 가는 과정이 재미있기도 합니다. 지금은 동서네 가족이 오기를 기다리며 편지를 쓰고 있습니다. 식구들이 모이면 좌와 우로 나누어져 많은 이야기를 하겠지요.

대통령님! 많은 분들이 원래의 자리로 돌아오시는 날을 한마음으로 바라고 있으니 그날이 빨리 올 수도 있지 않을까, 하는 희망을 가져봅니다. 힘내세요.

2017년 12월 20일 고OO

탄핵 이후 많은 것이 바뀌었고, 바뀌고 있다고 들었습니다. 선동은 잠시 사람들을 속일 수 있고 그로 인해 자신들이 원하는 결과를 가져오기도 하겠지만, 그 생명이 길지가 않을 것입니다. 지금은 한 줄기 빛조차도 없는 칠흑 같은 어둠 속에 홀로 내동댕이쳐 있는 것 같은 느낌이지만, 저를 지지하고 믿어주시는 국민이 계시기에 잘 이겨낼 것입니다. 어둠은 여명이 밝아오면 자리를 내주면서 사라질 것이고, 어둠 속에 묻혀있던 진실도 그 모습을 드러낼 것입니다. 그때가 언제일지 모르지만 반드시 올 것으로 믿고 있습니다.

태극기 집회는 무죄 석방 때까지

편지를 쓰려고 하니 낯설기도 하고 옛 생각도 납니다. 10대 후반에서 20대 무렵에 펜팔을 좀 했습니다. 마음 졸이며 밤새 편지를 쓰던 모습이 주마등처럼 지나갑니다. 글솜씨가 영 아니라서 아름다운 추억은 별로 없지만 잊지 못할 추억은 간직하고 있답니다.

저는 부산에 거주하는 50대 후반의 직장인입니다. 지난 일 년간 안타까운 심정으로 살아왔지만 세월이 약일까요? 마음의 상처는 조금 나아졌지만 분한 마음은 여전히 가라앉지 않고 있습니다. 이젠 역사가 되어버렸습니다. 풀리지 않은 숙제를 남기고 말입니다.

열심히 살면서 오로지 앞만 보며 달려왔는데 작금의 사태를 보면 안타까운 마음, 금할 길이 없습니다. 바쁘게 살아온 나머지 주위를 돌아볼 겨를이 없었지만 이제야 문제점이 드러나고 쇠락하는 소리가 여기저기서 들려 마음이 무겁습니다. 상대가 선전 선동에 능하다는 것을 일찍이 깨닫고 대처를 해야 했는데 때가 늦은 것 같습니다.

세상은 미쳐 돌아가고 있습니다. 정의와 법과 인권을 강조하던 집단이 한 사람을 마녀사냥 하고 하이에나처럼 달려들어 무참히 짓밟았습니다. 우리 민족이 이토록 잔인했던가, 역사를 되돌아봅니다. 대통령께서 기울어진 사태를 주시하고 바로 일으켜 세우시다 일격에 당하신 게 아닌가 합니다.

참으로 비통한 심정입니다. 오천 년 역사와 이렇게 부강한 나라의 톱니바퀴를, 외곽에서 방해공작만 일삼던 일당들이 정권을 가로채 망가

뜨리고 있습니다. 저쪽에서는 장시간에 걸쳐 이념적인 무장을 해왔습니다. 이제야 그 숨은 진실을 깨달았지만 우리 쪽은 너무 늦었습니다. 연령대가 내려갈수록 무엇이 정의인지 진실인지 개념이 없습니다. 우리 모두의 책임입니다.

지난 10월, 변호사들을 사임시키고 재판에 불출석하겠다고 하신 것은 너무나 잘한 결정이었습니다. 저놈들은 대통령께서 성실히 재판받는 광경을 교묘하게 이용할 뿐, 이미 짜인 각본대로 모두가 하나되어 움직이는데 재판이 무슨 의미가 있겠습니까?

매주 토요일, 지금도 많은 사람이 광장에 모여 대통령님의 무죄 석방을 외치고 있습니다. 많은 국민들의 마음속 대통령은 여전히 박근혜 대통령 한 분뿐입니다. 이 세상 그 어느 나라에서 일 년 넘도록 대통령의 무죄를 밝히려는 국민의 집회가 있었을까요.

진실이 밝혀져 억울한 누명을 벗으실 날이 반드시 올 것입니다. 대통령님을 응원하는 애국 국민이 생각보다 많다는 것을 아시고 이 추운 겨울 건강 잘 챙기시면 좋겠습니다. 겨울이 가면 봄은 꼭 찾아옵니다.

2017년 12월 20일 권OO

부산시 동구 초량동

제가 수많은 수모를 감수하면서도 일주일에 4번씩 감행하는 살인적인 재판 일정을 참아낸 것은 사법부가 진실의 편에서 시시비비를 가려줄 것이라는 일말의 믿음 때문이었습니다. 하지만, 그런 저의 기대와는 달리 말이 되지 않는 이유로 추가 구속영장을 발부하는 것을 보고 정해진 결론을 위한 요식행위라는 판단이 들었습니다. 그래서 더 이상 그런 재판부가 진행하는 재판에 참석하는 것이 의미가 없고 구차하다고 생각해서 변호인들에게 저의 의사를 밝힌 것입니다. 진실은 훗날 역사의 법정에서 밝혀질 것이라고 생각합니다.

역사를 모르는 자손들

아름답던 세상이 진흙탕으로 변하고 매몰찬 추위를 견디며 한 해를 마무리하고 있습니다. 얼마나 힘드셨냐고 여쭙지도 못하고 그저 살아있어도 삶의 의미를 모른 채 살아가는 죄인의 심정으로 머뭇거리다 이제야 용기를 내어 글을 띄웁니다. 나라와 국민을 사랑하는 대통령님의 마음을 저는 지금까지도 믿어왔고 앞으로도 변함없이 믿을 것입니다.

저는 동생 되시는 박지만 씨와 동갑내기인 1958년생입니다. 박정희 대통령과 육영수 여사의 훌륭한 발자취를 따라 그 시대의 고통을 함께 해왔기에 생각하면 가슴이 저려옵니다. 힘들었어도 모든 사람이 참아내며 정을 나누던 그 시절 말입니다. 다시 한번 말씀드리지만 대통령님의 부모님께서는 세상 어디에서도 찾아볼 수 없던 강인한 지도력과 자비심으로 국민들을 이끌어주셨습니다. 그 은혜를 우리는 지금도 잊을 수가 없습니다. 우리 박근혜 대통령님도 부모님의 숭고한 업적을 이어 소득 3만 불의 자유 통일 대한민국을 준비하셨을 것입니다. 그런데 천인공노할 악마들의 배신과 모함으로 이제껏 이루어 놓은 자랑스럽고 위대한 대한민국이 붉게 물들어가고 있음을 통탄하지 않을 수 없습니다.

대통령께서 약속하신 희망과 꿈을 이루기도 전에 상상도 못한 일들이 벌어진 것은 어리석은 국민들의 잘못입니다. 어렵고 험난했던 지난날의 희생과 고통을 잊어버리고 이기적인 안락에 빠져 자손들을 제대로 교육하지 못했습니다. 지난 삼십 여 년 동안 독재와 민주화라는 거짓 이름에 속아온 탓입니다.

대통령께서는 어느 누구도 걷지 못한 길을 걸어오셨습니다. 그 때문에 국민도 차츰 모든 진실을 알아가고 있습니다. 미국의 트럼프 행정부도 우리 국내 사정을 예의주시하고 있다고 들었습니다. 대통령께서 언젠가 말씀하신 대로 진실은 반드시 밝혀질 것입니다. 진실한 대통령께서 승리하실 것입니다. 대통령님은 혼자가 아니십니다. 우리 모두와 같이 계시는 분입니다.

엄동설한 차디찬 곳에 계시는 대통령님을 생각하면 잠을 잘 수가 없습니다. 하지만 저희들이 겪어보지 못한 암울하고 험난했던 역경을 넘어 자랑스러운 대통령이 되던 날, 꿈과 희망의 나라를 이룩하시겠다는 취임 때의 그 말씀을 잊지 않고 있습니다. 돌아오시는 날까지 잊지 않을 것입니다.

2017년 12월 21일 이OO

CA, USA

한 해가 저물고 있습니다. '58년 개띠'라는 표현이 있을 정도로 1958년생은 유별나다는 이야기를 많이 들었었습니다. 아마 여러

분야에서 매우 활동적이고 두각을 나타냈기에 그렇게 인식되지 않았나 싶습니다. 말씀하신 대로 제대로 된 역사교육은 아무리 그 중요성을 강조해도 지나칠 수 없을 것입니다. "자라나는 미래세대가 우리의 현대사를 잘 모르거나 잘못 알게 되면 국가정체성에 커다란 혼란을 빚게 되며 지금 우리가 앓고 있는 사회적 만병의 근원이 바로 여기에 있다"고 역설하신 어느 법률가의 글이 생각납니다.

2017년 크리스마스를 맞이하며

저는 양평에 사는 서른 살 최OO입니다. 겨울이 성큼성큼 다가오고 어느덧 크리스마스가 가까워졌습니다. 지난 주말에는 거실 한쪽, 벽난로 옆에 크리스마스 트리를 만들어 세웠더니 보기만 해도 마음이 따뜻해지는 것 같습니다. 사랑과 빛으로 오신 아기 예수님이 탄생하신 이 계절에 대통령님 마음에도 예쁜 크리스마스 트리 한 그루 놓아 드릴 수 있다면 얼마나 좋을까요. 잔잔한 캐럴이 들려오는 곳에 알록달록 고운 방울들이 대롱대롱 매달려있고 따뜻한 조명이 반짝이는 트리를요.

길을 걸을 때나 누울 때나 우리 대통령님 강건하고 담대하게 이 모든 시간을 견디고 이겨내시라고 날마다 주님께 기도합니다. 인간으로서는 이해할 수 없고 헤아릴 수 없는 놀라운 구원을 선물하신 주님께서 대통령님의 마음을 따사로이 위로해 주시기를 바랍니다. 어둠 가운데 빛으로 오신 하나님께서 대통령님의 마음속에 반짝반짝 어여쁜 크리스마스

트리를 놓아 주시길 오늘 밤 기도드립니다. 박근혜 대통령님, 사랑하고 존경합니다. 강건하십시오.

2017년 12월 말 최OO

경기도 양평군 단월면 봉상리

성탄절이 다가오면 종교를 떠나 많은 사람들이 한 해를 마무리하고 새해에 대한 기대감으로 들뜨기도 하지요. 특히, 크리스마스 트리와 캐럴은 늘 우리를 기쁘고 즐겁게 해주며, 따스함과 평온함도 가져다주는 것 같습니다. 님의 기도로 하나님께서 만들어주신 예쁜 크리스마스 트리가 제 마음속에서 반짝거리고 있을 것입니다. 즐거운 성탄이 되시기를 바랍니다.

촛불은 바람에 꺼지지만 큰 불은 활활 타오릅니다

저는 자유민주주의 대한민국 국민으로 의무를 다하면서 부모님을 모시고 처자식과 함께 열심히 살아가고 있는 이OO입니다. 누구의 표현인지 몰라도 '개돼지'처럼 무지한 사람들과 잘못된 길을 가는 국회의원들, 권력에 바짝 엎드린 언론이 공산주의 종북좌파 국가전복 세력에 의해 사단이 난 뒤 대통령께서 끌려가시던 날, 저는 가슴속으로 울었습니다. 태극기 집회에는 한 번도 참여하지 못했지만, 비좁고 추운 공간에서 외롭고 힘드실 대통령께 뭐라도 해드리고 싶어 편지로나마 안부

올립니다.

라 로슈푸코는 '촛불은 바람이 불면 꺼지나 큰불은 바람이 불면 활활 타오른다.' 하였습니다. 나라와 대통령님을 이렇게 만든 촛불 세력은 깨어 있는 국민들의 큰 태극기 바람에 조만간 꺼질 것입니다. 대신 대통령님을 향한 정의의 큰 불이 활활 타오를 것입니다. 권불십년 화무십일홍(權不十年 花無十日紅)이라 하였습니다. 이승만, 박정희 선대 대통령들께서 닦으신 자유민주주의와 선진국을 향한 도약의 기틀, 무엇보다 세계 그 어느 나라보다 살기 좋고 풍요로워진 우리나라를 무너뜨리려는 저들의 시간은 그리 길지 않을 것이라고 굳게 믿습니다.

사랑합니다. 그리고 존경합니다. 이 나라가 대통령님 덕분에 한 발자국 더 발전할 수 있었다는 걸 알고 있는 수많은 국민이 매일매일 대통령님을 생각하고 있습니다. 대통령께서 계셨기에 행복했습니다. 그리고 앞으로도 오래오래 행복하고 싶습니다. 하늘에 구름 한 점 없이 맑은 날, 대통령께서 다시 세상에 나오시기를, 저와 같이 작은 국민들이 그간의 설움과 안타까움을 다 떨쳐버리는 날, 밝게 웃을 수 있으시길 기도합니다. 추위 속에 따뜻한 옷 한 벌, 따끈한 설렁탕 한 그릇 대접도 못하는 미천한 저이기에 더 안타깝습니다만, 부디 건강히 탈 없이 지내십시오.

2017년 12월 29일 이OO

서울시 강북구 우이동

이틀 뒤면 2017년이 저뭅니다. 제게는 잊을 수 없는 한 해가 역사의 뒤안길로 사라지고 있습니다. 제가 대통령으로 있었던 시절에 행복하셨다고 말씀을 주시니, 이번에는 제가 행복해졌습니다. 앞으로도 오래오래 행복하시기를 바랍니다. "추위 속에 따뜻한 옷 한 벌, 따끈한 설렁탕 한 그릇 대접도 못하는 미천한 저이기에 더 안타깝습니다만, 부디 건강히 탈 없이 지내십시오."라는 말씀에 담겨있는 따스함에 잠시나마 추위도 잊었습니다. 감사합니다.

제2장

2018년

끝없는 기다림

문빠 탈출은 지능순

어느덧 1월의 중순이 되었습니다. 저의 하루하루는 너무나 빨리 지나가는데 대통령께서는 얼마나 느리고 길고 힘들게 느껴지실지 가슴이 아려옵니다. 그래도 위안이 되는 게 있다면 작년과 달리 대통령님을 그리워하는 분들이 아주 많아졌다는 사실입니다. 요즘 '문빠 탈출은 지능순대로'라는 말이 유행이라고 합니다. 그만큼 사람들이 깨어나고 있다는 증거입니다. 대통령께서 이루신 4년간의 치적은 일부러 알리려 하지 않아도 청년 실업률 하락과 같은 저들의 실정 때문에 자연히 비교가 되고 있습니다.

주말마다 서울에서는 많은 사람들이 태극기 집회에 참여하고 있지만 어느 언론에서도 보도하지 않습니다. 아무것도 모르거나 알면서도 침묵하는 국민이 많다는 것을 알고 있기에 더욱 숨기려 하겠지요. 언제까지 언론이 언론답지 못할지 끝까지 지켜볼 것입니다. 머지않아 활화산 터지듯 진실이 폭발할 날이 올 것입니다.

수많은 국민들이 대통령님의 안위를 걱정합니다. 부디 힘내셔서 건강 지켜주세요. 대통령님은 저희들의 영원한 대통령님이십니다.

2018년 1월 15일 홍OO

서울시 서초구 서초동

대통령으로 있으면서 눈에 띄는 거대한 건축물이나 화려한 랜드마크 등을 만들지는 않았지만 조금이라도 국민들이 편하게 생활할 수 있고 행복할 수 있도록 하는 정책을 마련하여 집행하려고 노력했습니다. 새해가 밝아 온 지도 10여 일이 지났습니다. 보내신 글을 읽으면서 애틋하고 진정어린 마음을 느낄 수 있어서 감사합니다.

선수들의 올림픽 출전 자격을 빼앗는 정부

2018 평창 동계올림픽. 대한민국이 주최국인데 코리아의 'KOR'이 없어졌습니다. 태극기가 사라졌습니다. 대한민국의 애국가가 자취를 감춥니다. 남북단일팀이라는 걸 만들더니 올림픽을 위해 청춘을 바쳐 훈련해온 여자 아이스하키 선수들의 참가 자격을 하루아침에 빼앗아버렸습니다. 정상이 아닙니다. 이것이 무죄한 대통령을 탄핵하고 감옥에 가

둔 우매한 국민들이 맞이해야 할 운명일까요? 하지만 애국세력은 끝까지 싸울 것입니다. 대통령님, 굳건히 버텨 주십시오. 대통령께서 무너지시면 대한민국이 무너집니다.

2018년 1월 22일

대통령으로 재임하던 중에 올림픽을 준비하고 있는 선수들을 격려하기 위해 태릉선수촌을 찾은 적이 있습니다. 흐르는 땀을 닦을 생각조차 하지 않고 훈련에 매진하는 선수들의 모습을 지켜보면서 그들의 노력이 헛되지 않았으면 하는 마음이 절로 들었습니다. 올림픽 출전의 경우 한 번 기회를 놓치면 4년을 기다려야 하고 또 마지막 출전이 될 수도 있기에 선수들의 눈빛에서 보았던 간절함과 절박함을 잊을 수가 없습니다. 아무쪼록 그동안 열심히 훈련해 온 선수들이 좌절하지 않고 올림픽에 참가할 수 있는 방법이 있기를 기대해 봅니다.

무엇 하나 정상인 게 없는 나라

건강이 좋지 않으시다는 기사를 보며 걱정하며 울었습니다. 더 가슴 아픈 것은 대통령께서 석방에 대한 희망을 잃어가고 계신 것이 아닌가 하는 것입니다.

2월 9일 평창 동계올림픽을 앞두고 있습니다. 현 정권의 참가 요청과 북한의 참가 결정으로 좌파진영과 우파진영이 갈등을 거듭하고 있습니다. 김정은이 신년사에서 자신의 책상 위에는 핵 단추가 있다고 했는데도 대화로 평화를 만들겠다는 정권입니다. 금강산에서 전야제를 열고 열병식도 한답니다. 북한의 마식령 스키장에서 우리 선수들의 전지훈련을 한다고도 합니다. 공석인 채로 있는 주한 미국 대사 대리라는 분이 '열병식은 올림픽을 정치적으로 이용하는 것이며 이는 올림픽 정신에 위배된다.'고 지적했지만 달라지는 건 없습니다.

오늘 김철홍 교수의 칼럼이 눈길을 끕니다. 그는 대통령 탄핵은 제7공화국을 꿈꾸는 자들이 저지른 참사였다고 합니다. 탄핵을 주도했던 김무성이 이원집정부제, 이른바 분권형 대통령제 개헌을 위해 저지른 만행이라는 것입니다. 오늘 MB가 피의자로 전환되었다는 기사도 보았습니다. MB도 제가 선택했던 사람이었습니다. 자기 죽을 자리인 줄도 모르고 무덤을 팠던, 용서할 수 없는 사람입니다.

저의 하루는 참 평화롭습니다. 모든 게 감사할 따름입니다. 제가 선택한 대통령, 1,570만 명이 선택한 우리의 대통령에게 닥친 불행만 아니면 말입니다. 내일은 창원시청 광장에서 '박근혜 대통령 무죄 석방 천만인 서명'을 위한 태극기 집회가 열립니다. 부디 힘을 내주세요. 좋은 소식 전해드리지 못해 죄송합니다. 박 대통령님의 석방 외에 무슨 좋은 소식이 있겠습니까? 그러나 봄은 기필코 옵니다.

2018년 1월 26일

서울시 강남구 개포동

옛말에 '꾀는 사람이 내도 이를 성사시키는 것은 하늘이다'라는 말이 있습니다. 자신만만하게 계획을 세웠어도 그 계획대로 안 되기도 하고, 좋다는 머리를 너무 굴리다가 제 꾀에 제가 빠지기도 하는 것이 우리네 인생살이라고 배웠습니다. 꿈에서조차 상상하지 못했던 일들로 인해 견디기 힘든 어려움과 고난이 주어지더라도, 스스로에게 부끄럽지 않고 사심을 가지고 사리사욕을 채운 것이 없다면 당당하게 고난을 헤쳐 나갈 수 있다고 생각합니다. 따뜻한 위로의 말씀에 감사드립니다.

흰 쌀밥을 먹는 게 소원이던 시절이 엊그제 같은데

대통령께서는 안산이라는 말만 들어도 경기가 나실 것 같습니다. 하지만 저같이 대통령님을 믿고 처음부터 끝까지 지지하고 응원하는 안산 애국 시민도 많다는 걸 기억해주세요. 제 주변에는 그런 분들이 정말 많답니다.

안산은 박정희 대통령께서 만드신 기획도시라고 들었습니다. 태극기 집회 때 한 정치인은 안산이 박정희 대통령께서 만드신 신도시여서 공장도 있고 아파트도 있고 학교도 있다고, 모든 것이 골고루 다 갖춰지고 잘 짜인, 그야말로 맞춤형 도시라고 했습니다. 그 말씀이 딱 맞습니다. 제가 이곳에서 37년 째 살고 있는데 다른 도시에 가면 답답합니다. 안산과 비교해서 도로 폭도 좁고 정리가 되어 있지 않은 것 같아 어지럽더라고요.

안산은 정리정돈이 너무도 잘 되어 있는 도시입니다. 먼 훗날까지 보시는 박정희 대통령님의 안목에 감탄사를 보내지 않을 수가 없습니다.

저는 경북의 깊은 산골, 지지리도 가난한 집에서 2남 2녀 중 장녀로 태어나 어린 시절을 보냈습니다. 하얀 쌀밥 한 번 배부르게 먹어보는 게 그 시절의 소원이었습니다. 어찌나 가난했던지 5학년 1학기까지만 다니고 국민학교를 중퇴해야 했습니다. 그런데 '다 같이 잘살아보세.'라는 새마을운동이 일어나고 통일벼가 나온 뒤 그렇게도 소원이던 흰 쌀밥을 먹을 수 있었습니다. 그게 불과 몇십 년 전 이야기입니다. 풍요로워진 우리나라가 너무 자랑스럽고 고마워서 '이보다 더 좋을 수는 없다.'는 생각으로 지금까지 살아왔습니다. 그런데 대체 이게 웬 날벼락입니까. 생각할수록 억울하고 분한 마음을 감출 수가 없습니다.

박정희 대통령, 육영수 여사 그리고 박근혜 대통령을 존경하고 사랑하는 국민이 이 땅에는 아주 많이 있다는 사실을 잊지 마십시오. 그동안 너무 잘 먹고 잘살아서 아쉬운 것 없이 살아온 덕에 정신 못 차리는 국민도 많지만 그들도 천천히 돌아올 것입니다. 요즘 '평창유감'이라는 랩 송으로 현 정권을 비판하는 한 청년의 노래가 포털 검색 1위에 오르며 20~30대 젊은 세대에게 급속하게 퍼지고 있습니다. 우리 젊은이들도 이렇게 깨어나고 있다는 반가운 소식도 전해드립니다. 이름만 불러도 가슴이 뭉클해지는 대통령님. 환하게 웃으면서 당당하게 돌아오시는 날까지 건강하십시오.

2018년 1월 31일 우OO

경기도 안산시 중앙동

'잘살아보세'라는 노래를 기억하시는지요? 생전에 아버지께서 이런 말씀을 하셨습니다. "우리나라가 아직도 궁핍하고 살림이 어려웠을 때는 이 노래를 들을 때마다 처량하기 그지없었는데, 국가발전이 성공적으로 이루어져 나가는 시절에 들으니 같은 노래가 아주 활기차게 들리더라고…."

긍지와 자신감은 억지로 만들어지는 것이 아니라 근면하고 자조하면서 서로 협동해서 이룩한 성취의 바탕 위에서만 생길 수 있다는 것을 우리 국민들이 전 세계에 보여주었습니다. 언젠가는 님께서 바라는 대로 일상으로 돌아갈 날이 올 것입니다. 건강하시기를 바랍니다.

67세 대통령의 생신

사랑하는 박근혜 대통령님의 67번째 생신을 진심으로 축하드립니다. 인생을 살면서 부딪치는 크고 작은 어려움을 만날 때마다 대통령님의 묵묵함과 성실함을 생각하며 인내심을 가지려고 노력합니다. 진정성과 나라 사랑은 대통령께서 수많은 국민에게 보여주신 선물입니다. 지금의 고난이 힘들고 외로우시겠지만 지지하는 국민들을 잊지 말아 주세요. 힘을 내세요. 대통령께서는 결코 혼자가 아니니까요.

생신 카드를 차가운 그곳으로 보내는 것이 너무나 마음이 아픕니다. 그러나 하늘은 결코 이겨낼 수 없는 시련을 내려주는 법이 없다는 말이 있듯이 대통령께서는 반드시 이 고난을 이겨내실 수 있습니다. 용기를 가지세요. 무엇보다도 건강이 제일입니다. 입맛에 안 맞으시더라도 끼니를 거르지 말고 꼭 챙겨 드시길 바랍니다. 대통령님 파이팅!

2018년 1월 31일 이OO

강원도 원주시 태장동

"하늘은 결코 이겨낼 수 없는 시련을 내려주는 법이 없다"는 말은 저도 알고 있는 말입니다. 시련은 고통스럽지만 고통스러운 시련을 견디어 내면은 더 단단해지기도 한답니다. 제게 주어진 이 시련의 시간이 언제 끝날지 알 수 없지만 그 날이 언제라도 저는 견디면서 이겨낼 것입니다. "입맛에 안 맞으시더라도 끼니를 거르지 말고 꼭 챙겨 드시길 바랍니다."는 말씀대로 건강 챙기면서 힘을 내겠습니다. 감사합니다.

N포 세대를 아시나요

흔히 20·30세대를 N포세대라고 부릅니다. 연애, 결혼, 출산 세 가지를 포기한 청년을 3포세대라 하고 주거, 경력까지 포기하면 5포 세대, 취미와 인간관계까지 포기하면 7포 세대라고 한답니다. 그보다 더 많이 셀 수 없이 많은 것들을 포기하는 청년층은 n가지를 포기했다 해서 N포 세대라고 한답니다.

이제는 M포세대가 등장했습니다. 가상화폐, 평창올림픽 아이스하키 남북단일팀, 정체불명의 한반도기, 최저임금 1만 원 등으로 희망까지 잃어버린 20·30세대를 M포세대라고 합니다. 여기에서 M은 문재인의 이니셜입니다. 그래서 '문포세대'라고도 하는데 문재인 때문에 인생의 많은 것을 포기해야 하는 세대라는 뜻이죠. 이들은 문재인을 대통령으로 만들려고 촛불을 들었다가 인생의 많은 것을 포기하게 됐기 때문에 '스투피드(stupid멍청이) 세대'라고도 불립니다. 대다수 M포세대의 특징은 촛불집회에 나간 것을 후회하고 반성한다는 것입니다. 아무 생각 없이 촛불집회에 나갔다고 해서 '노브레인 세대'라고도 한대요.

문포세대들이 '내가 이러려고 촛불 들었나!' 하는 자괴감으로 '퇴준생'에도 매우 적극적이랍니다. 퇴준생은 '문재인 퇴진을 준비하는 학생들'이라는 뜻입니다. 문재인에 대한 20·30세대 마음을 가장 잘 표현한다고 하겠습니다. 변화에 민감한 20·30세대들은 영화 '1987'을 보고 나서는 '새로운 문민시대'를 만들자고 한답니다. '문재인을 민간인으로 만들자.'는 뜻이라고 하네요. 이 또한 20·30세대의 불만을 잘 드러냅니다.

곧 설날입니다. 대통령께서 억울한 옥살이를 하고 계시어 새해 인사말도 조심스럽습니다. 깨어있는 국민들은 오로지 박근혜 대통령께서 건강하시기를 간절히 바랍니다. 조금만 더 참으시면 긴 겨울이 끝나고 아지랑이 오르는 따뜻한 봄이 올 것입니다. 여러 가지로 몸과 마음이 아프시겠지만 그래도 긍정적인 마음으로 새해를 맞으시길 기원합니다.

2018년 2월 6일 정OO

새 단어 사전을 만들어야 할 만큼 새로운 단어들이 많이 쏟아져 나오는가 봅니다. 반짝이는 기지가 넘치는 신조어들에 한편 감탄스럽지만 다른 한편으로는 'N포세대'가 시사하듯이 우리 청년들이 많은 것을 포기해야 하는 상황이 보편화 된 것 같아 마음이 아픕니다. 긴 겨울이 끝나고 아지랑이가 피어나는 따뜻한 봄날이 오면 그때는 우리 청년들의 삶이 지금보다는 더 풍요롭고 여유로워지겠지요.

3대째 이어온 애국

오늘도 차가운 방에서 대한민국을 위하여 고통의 시간을 보내고 계신 대통령님. 저는 서울에서 경찰 공무원 시험 준비를 하던 작년, 나라가 뒤집히자 하던 일을 멈추고 여러 애국 동지들과 함께 거리로 나와서 투쟁을 하고 있습니다.

저희 할아버지께서는 1923년생으로 경찰 공무원 재직 중 6.25전쟁에 참가하신 뒤 OO에서 경찰서장을 지내셨습니다. 이후 1966년부터 1973년까지 청와대 비서실 소속 특별 민정반 비서관으로 근무하였습니다. 박정희 대통령께서 친필로 글을 작성하신 후 비밀리에 업무를 전달하시면 암행 감찰을 나가셨다 들었습니다. 전국을 다니면서 일반 서민들의 고충과 부패한 공무원의 부조리 등을 처리하는 일이었지요.

아버지께서는 공직에 진출하지 못하셨으나 베트남 참전용사로 국가에 헌신하였습니다. 6.25전쟁으로 잿더미가 된 나라가 한강의 기적을 이루며 오늘날의 대한민국이 되기까지의 모든 과정을 어릴 때부터 교육을 받은 덕에 제 마음 속에는 박정희 대통령과 대한민국에 대한 자부심이 늘 있었습니다. 내 나라에 대한 긍지를 품고 살아올 수 있었던 것을 감사하게 생각합니다.

요즘 집회 때 거리 행진을 하다 보면 예전과 달리 일반 시민들이 호응해 준다는 걸 느낍니다. 힘내라는 격려도 보내줍니다. 의외로 10~20대의 젊은 친구들이 보수적인 면이 있다는 것도 알았습니다. 자유분방하고 자기만 잘 살면 된다는 이기주의가 팽배한 줄 알았는데 지난주 평창올림픽 개막을 전후해서 화가 많이들 난 것 같았습니다. 개개인이 인공기를 태우는 퍼포먼스를 인터넷 유튜브 방송에 올리는 것이 한동안 유행이었습니다. 그러한 모습에서 젊은 사람들의 애국심이 애틋하게 묻어나는 것을 볼 수 있었습니다.

사실 12년 전쯤, 직장 생활을 할 적에 두어 번 대통령님과 마주친 적 있습니다. 제가 너무 당황해서 인사도 못 드리고 눈도 못 마주친 채 스쳐 가고 말았지만, 그때 대통령께서 지으시던 밝은 미소를 아직도 잊지 못 합니다. 이제 한국에서 진정한 적폐 세력이 누구인지, 무엇이 우리가 앞으로 나아갈 밝은 미래를 가로막고 있었는지 많은 국민이 압니다. 대통령님의 용기 있는 모습과 드높은 지도력에 감사드립니다. 오늘도 강력한 대한민국을 만들기 위해서 고생하시는 대통령님이 그립습니다.

2018년 2월 23일 김OO
서울시 관악구 신림동

생전에 아버지께서 민정반에 암행 감찰을 지시하신 후 그 보고를 받고 어떻게 처리하셨는지를 들은 적이 있습니다. 어겨서는 안 되는 규정을 (돈을 건네면) 슬슬 봐주는 곳도 있었고 어떤 뇌물도 전혀 통하지 않고 철칙을 지키는 팀도 있었다고 합니다. 아버지께선 벌 위주가 아니라 규정을 잘 지킨 공무원들을 나중에 포상하는 것으로 마무리 지으셨는데, 뜻밖에 생각지도 못했던 포상을 받고 기뻐했던 공무원들이 모습이 무척 인상에 남았다고 하셨습니다. 님의 편지를 읽으면서 새삼 아버지와의 추억이 떠올라 잠시나마 행복했습니다. 건강 잘 챙기시고 하시는 일도 잘 되시기를 바랍니다.

떠나신 빈자리가 너무 큽니다

유난히 춥고 힘든 겨울이었습니다. 저의 아버지는 전투기 조종사로 나라를 위해 30년 이상 군에 계셨던 것이 가장 큰 보람이고 자랑인 분이십니다. 저와 남편은 외국에서 살다가 몇 년 전 다시 한국으로 돌아왔습니다.

그때는 모든 것이 자랑스럽고 행복했습니다. 한국은 공공요금과 물가가 캐나다에 비해 저렴하고 안정되어 있었고 훨씬 역동적이며 자영업을 하기에 세금의 부담이 크지 않은 좋은 나라라고 생각했습니다. 대통령께서 당선되셨을 때에는 마치 저희 가족의 일인 양 기쁘고 또 기뻐했습니다. 그때 고우시던 그 모습이 아직도 눈에 선합니다. 희망이라는 단어가 너무 추상적이라면 저희 가족에게는 미래에 대한 믿음과 계획이 있었습니다.

이제는 많은 것이 변하고 사라지고 없습니다. 불경기이니 저희같이 무능한 자영업자들은 버티기가 힘들어집니다. 남편은 자기 분야에서 가장 인정받는 대학에서 교육을 받고 유학을 해서 오랜 시간 전문 지식을 쌓았지만 올겨울부터 날일을 다니고 있습니다. 그나마 일이 꾸준히 있으면 감사하지만 그렇지 않은 날이 더 많다고 합니다. 남편 말로는 일용직 사무소를 찾아오는 사람 중 자기처럼 얼마 전까지 자영업자였던 중년층이 많다고 합니다.

저희 스스로가 무능해서 시장경제에서 도태되었으니 누구도 원망하지는 않습니다. 다만 앞으로 더 어려워질 전망이라 사는 집을 팔고 다시 한국을 떠나자는 말을 남편이 자주 합니다. 저는 겨울을 버텼으니 봄도 버텨서 어떻게든 남편이 재기할 수 있기를 기도하고 있습니다. 그렇지만 현실이 녹록지 않음을 잘 알기에 큰 기대는 하지 않게 됩니다.

저희는 시골에 살아서 물가가 수도권에 비해 저렴한 편인데도 오징어와 버섯, 김밥까지 모든 것이 너무 올라서 장을 보게 되면 손이 움츠러듭니다. 그나마 이 정도 수준에서 멈추기만을 바랄 뿐입니다. 대통령께서 그곳에 계시는 동안 저희같이 평범한 가족은 이렇게 지내고 있습니다. 비록 팔십이 넘은 제 아버지는 지난 1년의 세상을 미워하시고 저희 부부의 생각도 별반 다르지 않지만 마음에 키운 증오를 버리고 올봄에는 다시 노력해 보려고 합니다.

새벽에 일 나가는 남편을 위해 저는 매일 기도를 합니다. 몸 다치지 않고 세상이 그 사람을 인간적으로 대해주기를 기도합니다. 그리고 대통령께서 건강하시고 또 건강하시기를 기도합니다. 저희 가족은 기도의 힘을 믿기에 대통령께서 국민의 곁에 돌아오실 수 있기를 기도하고 있습니다.

대통령께서 국민들이 보낸 편지를 일일이 읽으신다기에 저도 용기를 내어 몇 자 적어 보았습니다. 저같이 많이 부족한 국민이 대통령께 편지를 드리는 일이 없는 세상이었다면 좋았을 거라고 생각합니다. 당신께서 어느 곳에 계시든, 어떤 상황에 계시든 저희는 당신께 늘 감사드리고 있습니다.

2018년 2월 28일 조OO

경상북도 경산시 와촌면 강학리

"저같이 많이 부족한 국민이 대통령께 편지를 드리는 일이 없는 세상이었다면 좋았을 거라고 생각합니다"라는 말씀이 제 마음을 아프게 했습니다. 우리 국민, 한 사람 한 사람이 자신이 있는 일터에서 열심히 일하고, 그로 인해 자신의 삶을 풍요롭고 행복하게 만들면서 살아갈 수 있는 사회가 바로 행복한 나라이고, 그러한 나라를 만드는 것이 대통령으로서의 직분이라고 생각했습니다. 편지를 읽어가면서 힘들지만 견디어 이겨내겠다는 용기를 볼 수 있었고, 미래에 대한 소박한 희망의 끈을 놓지 않고 있는 님의 마음을 느낄 수 있어서 오히려 제가 많은 위로를 받았습니다. 어둡고 끝이 없을 것 같은 터널이라도 언젠가는 끝이 보이고 그 끝에는 햇살이 비치는 길이 기다리고 있을 것입니다. 그리고, 님의 기도에 응답이 꼭 있을 것이라고 생각합니다.

문재인 정부의 참담한 개헌 내용

뉴스에서는 연일 이명박 전 대통령의 뇌물죄 사건으로 시끄럽습니다. 오늘 구속영장이 청구되었는데 무죄 추정 원칙이니 확정할 수는 없지만 대통령 부인과 인척간 오간 돈의 액수나 사용처가 사실이라면 참으로 답답하고 참담한 일이 아닐 수 없습니다. 새삼 박정희 대통령과 박근혜 대통령의 청렴결백이 더욱 빛납니다.

문 정권의 개헌 밥의 내용에 담긴 친북적 사고를 보면 참담합니다. '국민' 대신 '사람'이라고 헌법을 고친다고 하질 않나, '토지공유제'라는 건 들어본 적도 없습니다. '공무원의 노동3권 보장'이라거나 생산의 가치와 경제적 효율성을 단지 노동의 가치로만 재는 것, 지방 자치를 넘어 지방 정부를 만들겠다는 것 모두를 통괄해보면 자유민주주의 대한민국을 사회주의 국가로 만들어 북한과 연방제를 하겠다는 것 같습니다.

오늘 경찰서에 가서 개헌반대 집회 신고를 하고 나와 식당에 들어가 밥을 먹는데 때마침 텔레비전 뉴스에 조국이란 자가 나와 개헌 내용을 설명했습니다. 밥 먹던 사람들이 웅성대면서 한숨을 쉬는 것 같았습니다. 손님 중 하나는 "당장 재산 정리해서 이민이라도 가야겠다."는 말도 했습니다. '1년 전 박근혜 대통령님을 탄핵하자고 촛불 들고 문가 찍더니 이제 와서 후회하면 뭐하나. 태극기 들고 탄핵은 사기다 외칠 때 비웃더니 꼴좋다.' 하는 생각이 들었습니다. 하지만 그런 마음도 잠시일 뿐, 대한민국과 우리의 후손들의 미래가 걱정입니다.

박근혜 대통령님이 얼마나 소중한지 저들은 모릅니다. 자신들이 무슨 짓을 저질렀는지도 모릅니다. 그래도 요즘 '문가 찍어서 미안하다.'는 내용의 영상들이 퍼지고 있습니다. 제 주변 사람들도 개헌 내용을 보며 뭔가 잘못되어가고 있는 게 아닐까, 의심하는 것 같습니다.

저는 이번 6.13 선거에 시장으로 출마했습니다. 명함에다가 '1원 한 푼 받지 않은 가장 깨끗한 박근혜 대통령을 즉각 석방하라.' '진실은 반드시 승리한다.'는 글만 적었습니다. 공약은 없습니다. 당선이 목표가 아니라 대통령님의 진실을 알리는 것이 목표이기 때문입니다. 대통령님에 대한 믿음이 굳어져 저의 신념이 되었습니다. 열심히 알리겠습니다.

2018년 3월 21일 김OO

"자유와 평화는 공짜로 얻을 수 있는 것이 아니다"라는 말이 생각납니다. 평소에는 자유와 평화의 소중함을 모르고 지내다가 이를 잃고 나면 그것이 얼마나 소중한 것인지 알게 될 것입니다. 자유와 평화를 지키는 데는 자기희생과 이를 지켜내기 위한 용기가 필요합니다. 우리 국민 한 사람 한 사람이 이를 지켜내야 한다는 신념을 가지고 이를 위해 자기를 희생할 수 있는 용기가 있을 때 우리의 자유와 평화는 지켜질 것이라고 생각합니다.

파독 간호사로 일하며 가꾼 대한민국이 왜?

저는 45년 전 독일에서 5년 간 간호사로 일했습니다. 정말 열심히 일하면서도 언어가 안 되고 문화도 달라 처음에는 멸시도 당했습니다. 그래도 돈 벌어 고국으로 돌아가야 한다는 생각에 밤낮으로 쉬지 않고 일했습니다. 당시 필리핀 사람들과 같이 근무했는데 그때는 우리나라가 그들보다 훨씬 가난했습니다. 이제 우리나라는 세계에서도 알아주는 부강한 나라가 되었지만 필리핀은 여전히 후진국에서 헤어나지 못하고 있습니다. 그렇게 오늘의 풍요를 이루어 놓았는데 요즘 애들은 원래 이렇게 잘 살았던 줄 아는지 훌륭한 대통령을 감옥에 보내고 나라가 어떻게 되는지도 모른 채 방관하고 있어요.

바깥은 완연한 봄이어서 산과 들에는 새싹과 꽃들이 만발하건만 대통령님의 석방소식은 들리지 않습니다. 오늘도 추운 데서 독방생활하시는 것을 생각하면 가슴이 너무나 쓰리고 아파 잠이 안 옵니다. 너무나 답답하고 분통이 터집니다. 법치도 언론도 무너졌어요. 오직 태극기에 의존하고 있습니다.

대통령께서 말씀하셨듯이 진실은 꼭 밝혀집니다. 그러니 힘드시더라도 식사는 조금도 남기지 말고 억지로라도 잡수셔서 건강 지키셔야 합니다. 며칠 전에 병원에 가신다기에 가슴이 철렁했습니다. 인간은 언젠가 모두 흙으로 가는 인생입니다. 오직 나라와 정의를 위해서 살아가야 합니다. 건강한 모습으로 뵈었으면 하는 것이 저의 간절한 소원입니다. 대통령님이 건강하셔야 나라가 삽니다. 두서없는 이 편지가 사랑하는 대통령님 마음에 위안이 되고 힘이 되었으면 감사하겠습니다.

2018년 3월 28일 백OO

서울시 강서구 내발산동

너무도 가난하였지만 경제발전을 위해 필요한 돈을 마련할 수조차 없었던 시절이 있었습니다. 그때 머나먼 독일에서 간호사와 탄광근로자로 일하셨던 분들이 고국으로 보낸 돈을 종잣돈으로 하여 오늘날의 경제번영의 초석을 마련할 수 있었다는 것은 우리 국민이라면 모두 알고 있을 것입니다. 저도 아버지로부터 독일을 방문하셨을 때 광부로 파견되신 분들을 만나서 연설을 하시던 중 같이 우셨다는 이야기를 들었던 기억이 있습니다. 독일 사람들이 기피하는 험한 일을 하기 위해 간호사로 파견되셨던 님과 같은 분들에게 국민의 한 사람으로 정말 감사하다는 말씀을 드립니다. 건강 잘 챙기시고 여생도 행복하게 보내시길 바랍니다.

거짓이 드러나도 사과할 줄 모르는 사람들

며칠 전 이명박 전 대통령이 구속수감 되었습니다. 논현동 집 앞에 권성동, 장제원 의원이 언론사 카메라에 잡혔더군요. 청문회와 헌법재판소에서의 그들 모습이 눈에 선합니다. 광주교육청은 내일이라도 당장 통일이 될 것 같은지 북한으로 수학여행을 보내겠다면서 남북정상회담에서 논의해야 한다고 했습니다.

김정은은 시진핑 주석을 만나 최상의 환대를 받으며 단계별 핵 폐기를 주장했다고 합니다. 미루어 짐작하건데 4월 27일 예정된 남북정상회담과 연이은 미북 정상회담이 그렇게 순조롭지만은 않을 듯합니다. 안희정 전 충남지사는 성폭력 사건과 관련하여 자리에서 물러났고, 정봉주 전 국회의원, 민병두 의원 역시 물러났습니다.

대통령님은 오랫동안 저희 같은 필부조차 감당하기 쉽지 않은 현실에 계셨습니다. 그들의 민낯을 볼수록 더욱 분하고 억울합니다. 남쪽 마을에는 벌써 봄의 향연이 시작되었습니다. 모든 것이 제자리로 돌아가는 좋은 날이 곧 있을 것이라 사료됩니다. 강녕하시길 기원 드립니다.

2018년 3월 29일 박OO

거짓말로 세상을 속이고 선동한 자들은 그들이 누구라도 언젠가는 그 대가를 치를 것입니다. 거짓말은 잠시 사람들을 속일 수 있어도 영원히 속일 수는 없습니다. 이명박 전 대통령의 구속 소식을 전해 듣고 안타까웠습니다.

두 개의 감옥을 파옥합시다

일기가 불순합니다. 이제 한 달 남짓 있으면 바닥 난방이 꺼져 냉골이 되겠지요. 그러나 대통령님이나 우리 자유 민주 시민의 마음속에는 항상 따뜻한 햇볕이 내려쬐는 동산이 있습니다. 마음 놓으십시오. 부디 대통령님 자신의 고단한 영혼 곳곳을 보듬으십시오. 대통령께서 평생 갇혀 살아왔던 '심리적 감옥'을 그곳 '물리적 감옥' 안에서 파옥하십시오. 자유의 몸이 되신 날, 정당정치에 대해 걱정하실 일 없도록 만들어 놓겠습니다. 평생 살아보지 못한 자유인으로서 사실 수 있도록 만들어 놓겠습니다. 강건하고 굳세게 마음먹고 계십시오. 사랑합니다. 우리의 영원한 대통령!

2018년 3월 30일 서OO

경기도 성남시 분당구 구미동

이곳 생활이 1년이 되었습니다. 말씀하신 '심리적 감옥'은 자신이 느끼는 사명감이나 책임감이라고 생각합니다. 저는, 지금까지 제게 주어진 그 어떤 역할도 사명감과 책임감을 갖고 해 왔습니다. '평생 살아보지 못한 자유인'이라는 말씀은 지금까지 제가 살아온 여정을 그대로 표현해주시는 것 같았습니다. 아마도 평범하지 않았던 저의 삶을 말씀하시는 것이겠지요. 저도 자유인으로 살아갈 날이 오지 않을까 기대해 봅니다.

좋아할 줄만 알았지 지키는 방법을 몰랐습니다

지난 3월 22일 병원에 다녀오셨다는 소식을 들었습니다. 건강에 크게 이상이 없으셔야 할 텐데 걱정이 됩니다. 작년 10월 1차 구속 기간이 끝나갈 때쯤, 갑자기 출처도 불분명한 캐비닛 문건으로 여론몰이를 해서 무리하게 구속 기간을 연장하더니 1심 선고가 다가오자 또다시 세월호 7시간과 국정교과서 논란으로 여론몰이를 합니다. 차고 넘친다던 증거는 온데간데없고, 털어도 먼지조차 나오는 것 없이 깨끗하니 대통령님의 진실이 밝혀질까봐 많이 두렵고 불안한가 봅니다.

세월호 7시간 등 온갖 입에 담을 수 없는 막말로 선동을 한 자들은 그 음모론이 모두 실체가 없음으로 밝혀졌는데도 사죄는커녕 뻔뻔하게 또 다른 음해로 국민들을 현혹하려 합니다. 그들에겐 잘못을 사과하고 반성할 용기조차 없나 봅니다. 청소년들이 균형 있는 역사관을 갖고 대한민국에 대한 자부심을 느낄 수 있도록 추진하신 국사 국정교과서도 마치 큰 범죄인 양 취급하며 폐기한 것도 모자라 수사 의뢰까지 한다고 합니다. 국정교과서를 채택하여 기존 교과서와 병행해서 수업을 들었던 서울 디지텍고등학교의 학생들이 균형 잡힌 교육을 받을 수 있어서 좋았다고 말하는데도 왜 어른들이 앞장서서 공정한 교육의 기회를 박탈하려는지 이해할 수 없습니다. 제대로 된 교육이 사라져버린 이 나라의 앞날이 막막하기만 합니다.

지금 되돌아보면 대통령님을 좋아할 줄만 알았지 지키는 방법을 몰랐습니다. 이 나라와 국민이 올바른 길로 갈 수 있도록 혼자 고군분투하셨는데 저희들은 대통령께 모든 짐을 떠맡기고 너무 편하게 살아왔던 것 같습니다. 유일한 국민 편이고 보호막이셨던 대통령님을 잃어버린 지금, 혹독한 대가를 치르는 것 같습니다.

여론몰이 정치재판으로 변질되어버린 1심 재판의 선고가 어떻게 나오든 개의치 않겠습니다. 중요한 건 대통령께서는 그 어떤 비리도 없는, 역대 가장 깨끗한 대통령이시라는 진실이니까요. 비바람을 그치게 할 순 없어도 비바람이 그칠 때까지 같이 맞는다는 심정으로 함께하겠습니다. 우리는 가족이잖아요. 원래 가족에게 어려운 일이 생기면 똘똘 뭉쳐 극복하듯이, 끝까지 포기하지 말고 함께 이겨내요. 제발 건강하셨으면 좋겠습니다. 어제보다 오늘, 오늘보다 내일, 더 많이 사랑합니다.

2018년 4월 2일 윤OO

울산시 남구 달동

"비바람을 그치게 할 순 없어도 비바람이 그칠 때까지 같이 맞는다는 심정으로 함께하겠습니다. 우리는 가족이잖아요."라는 말씀에 깊은 감명을 받았습니다. 편지를 읽으면서 "이런 사랑의 편지를 받는 사람이 세상에 얼마나 있을까" 하고 생각해보았습니다. 이처럼 사랑이 담겨 있는 편지를 받을 수 있는 저는, 어쩌면 행복한 사람인지도 모르겠습니다. 어제보다 오늘, 오늘보다 내일 더 많이 사랑해주시겠다는 따뜻한 말씀에 감사드립니다.

정의와 진실은 반드시 밝혀질 것입니다

춘래불사춘(春來不似春), '봄은 봄이되 봄 같지 아니하다'는 말이 있습니다. 오늘처럼 옛 시인의 말이 절실하게 가슴에 와 닿은 적은 없었습니다. 제 기도가 부족했나 봅니다. 죄송합니다. 그러나 실망하지 마시기 바랍니다. 반드시 승리하실 것입니다.

1심 선고 판사의 판결문을 다 들었습니다. 제 생각엔 판결문 자체가 한마디로 어불성설이었습니다. 대통령이 직무 수행과 관련하여 부하직원이나 관련자에게 지시하고 보고를 받는 것은 당연한 일입니다. 그러나 판결문은 대통령께서 마땅히 하신 지시나 보고조차 유죄로 몰아세우고 있습니다. 대통령도 사람인 이상 지시를 잘못 내릴 수 있습니다. 신이 아닌 이상 사람은 누구나 실수합니다. 뇌물수수를 했다거나 고의로 부정을 했다면 유죄가 되는 것도 당연합니다. 그러나 판결문 어디에도 대통령님이 언제 어디서 누구로부터 얼마의 뇌물을 받았다는 내용은 기록되어 있지 않았습니다.

이는 지난 1년여간의 재판 과정에서 확인된 사실이기도 합니다. 대통령께서 재직 기간 중 어느 누구에게서도 10원 한 푼 받았다는 증거는 나오지 않았습니다. 판결문은 그저 형식적으로 장황하게 대통령이 당연히 해야 할 직무수행 과정을 늘어놓은 뒤, 사실유무와 관계없이 유죄로 인정한다고 결론 맺은 것입니다.

법은 잘 모르지만 대통령은 재직 기간 중 내란죄, 외환죄를 범한 경우가 아니면 형사 소추되지 않는 것으로 알고 있습니다. 지금과 같이 무죄

추정의 원칙을 깨고 사전 조사나 아무런 확인도 없이 최서원 씨와 경제공동체를 전제하고 감옥에 먼저 가두어 놓고 재판하는 것은 자유민주주의 체제의 대한민국에서는 도저히 있을 수 없는 만행이며 인권유린이 아닐 수 없습니다. 법을 모르는 사람도 이만큼은 생각하는데 법을 전공하신 분들이 이러한 사실을 모를 리 없습니다. 대체 뒷감당을 어떻게 하려고 천인공노할 짓을 벌인 것인지 이해하기가 참으로 어렵습니다.

대통령님은 꼭 승리하십니다. 정의와 진실은 반드시 밝혀지고 정도를 걷지 않는 자는 결국 하늘이 망하게 하십니다. 역사가 이를 증명하고 있습니다. 다만 그때까지 인고의 시간이 원망스러울 따름입니다.

2018년 4월 8일 김OO

경상북도 포항시 남구 오천읍 원리

"정의와 진실은 반드시 밝혀지고 정도를 걷지 않는 자는 결국 하늘이 망하게 하십니다. 역사가 이를 증명하고 있습니다."라는 말씀처럼 묵묵히 견디고 참아내면 언젠가는 진실이 밝혀질 것으로 생각합니다. 형식적으로는 합법적인 모습을 가지더라도 실질적으로 정당성이 없다면 이를 법치주의라고 할 수는 없겠지요. 역사가 제게 얼마나 많은 인고의 시간을 요구할지 모르지만 저는 지지와 성원을 보내주시는 국민을 생각하면서 이겨낼 것입니다.

이처럼 사랑이 담겨 있는 편지를 받을 수 있는 저는, 어쩌면 행복한 사람인지도 모르겠습니다.

해외에 살아도 대한민국 국민

현재 해외에서 어학연수를 하고 있는 탈북 대학생입니다. 들려오는 소식들은 온몸을 얼어붙게 만드는 추운 봄입니다. 해외에서 소식을 접하는 대통령님의 팬들은 매일매일 기도하며 눈물의 밤을 보내고 있습니다. 작년에 태극기 집회에 참여했을 때 수많은 애국자들을 보면서 우리 대한민국에 희망이 있다고 생각했습니다. 하지만 정치 보복으로 대한민국이 이렇게 처참하게 무너져 가는 모습을 보고 있자니 잠이 오지 않습니다.

저는 2010년 북한을 탈출해서 2012년에 대한민국 국민이 되었습니다. 그때, 처음으로 자유민주주의적인 대통령 선거에 참여하면서 박정희 대통령과 박근혜 대통령께 얼마나 감사했는지 모릅니다. 대한민국을 선물해 주신 두 분은 제 마음속 영원한 대통령이십니다.

이곳의 한인교회에 다니면서 놀라운 사실을 알게 되었습니다. 제가 다니는 교회 목사님은 여성이신데 2012년부터 2018년 현재까지 6년간 저녁 금식기도를 올리며 매일 대통령님을 위해 눈물을 흘리고 계십니다. 1988년부터 현재까지 30년간 대한민국의 안보를 위해서 기도를 시작하셨는데 세계 곳곳에서 같은 시간, 기도에 참여하는 분들이 만 명 이상 된답니다. 전 세계에서 선교사와 목회자의 삶을 살아가는 분들이지만 저녁 10시만 되면 자유 대한민국을 수호하기 위해 같은 마음으로 눈물의 기도를 하고 있는 것입니다.

하나님께서 박근혜 대통령님을 위해 기도하라는 말씀을 주셨다고 합니다. 하나님께서 절대 대통령님을 포기하지 않으실 거라 믿는다고 하셨습니다. 저도 믿습니다. 대통령께서 가시밭길을 걸으며 고난당하고 계시는 모습은 참으로 가슴이 찢어지는 아픔이지만 '이 또한 지나가리라.'는 것을 믿습니다. 대통령께서도 기도하는 그분들과 같이 호흡을 해 주십시오. 지금 저희가 바라는 것은 오직 하나, 대통령님을 건강한 모습으로 다시 뵙는 것입니다.

우리 자유 대한민국을 일으켜주시고 지켜주시고, 지금의 후손들이 잘 살아갈 수 있게 해주신 대한민국의 영원한 아버지 박정희 대통령님과 우리 대한민국의 안보를 가장 강건히 지켜주신 여성 대통령, 박근혜 대통령님은 세계에 영원히 기억될 영웅이십니다. 대통령님은 혼자가 아니십니다. 수천, 수백만의 사람들이 함께하고 있습니다.

2018년 4월 20일

탈북자분들은 자유를 찾아 목숨을 걸고 대한민국으로 왔습니다. 님도 같은 꿈을 꾸고 왔을 것입니다. 그 꿈이 대한민국에서 반드시 이루어질 것입니다. "대통령께서 가시밭길을 걸으며 고난당하고 계시는 모습은 참으로 가슴이 찢어지는 아픔이지만 '이 또한 지나가리라.'는 것을 믿습니다."라는 말씀에 용기를 얻었습니다. 님의 말씀처럼 담대하고 강건하게 잘 견디어 내겠습니다. 열심히 공부하셔서 대한민국을 위해 많은 일을 할 수 있는 인재로 성장해 주시기를 바랍니다.

대한민국의 총성 없는 전쟁

저는 일본에 살고 있는 50대 주부입니다. 우리 대한민국에서는 지금 우파, 좌파의 싸움이 벌어지고 있는 게 아닙니다. 친 국가세력과 반 국가세력이 치열한 전쟁을 하고 있는데 외부에서 침략한 세력이 우리나라를 위협하는 몹시 위험한 상태라고 저는 확신합니다. 지금 우리나라에서는 총성 없는 전쟁이 진행 중입니다. 하지만 똑똑하다는 대한민국의 지성인들, 그리고 대부분의 국민들이 인식하지 못하고 있어 너무나 안타까울 뿐입니다.

대한민국 국민은, 특히 좌파 지성인이라는 사람들은 단지 이념 때문에 주민들의 몸에서 기생충이 나온다는 북한 체제를 추종한다고 믿고 있는 것일까요? 대통령께서는 잘 알고 계시겠지만, 좌우 프레임 안에 우리 국민을 가두고 우롱하며 대한민국의 이권을 찬탈하고 있는 나라 밖의 도적들을 인식하지 않으면 안 됩니다. 간단한 예로 지금 문재인 정권이 하고 있는 최저임금법, 공무원 증원, 탈원전 정책, 특히 대기업의 탄압을 구실삼은 기밀 방출 등, 이 모든 것이 누구의 이익을 위한 것입니까? 누가 이득을 보고 있는지만 생각해도 답이 나옵니다.

중국의 시진핑이 2050년까지 반도체 산업을 국가시책으로 집중 투자한다고 선언할 정도로 삼성의 반도체 산업은 이웃 나라들의 부러움의 대상이며 우리나라의 크나큰 원동력이자 재산입니다. 지금 미국이나 일본 같은 강대국들도 반도체 경쟁에 뛰어들고 있습니다. 좌파 세력이 자기들의 이익을 위해 우리나라를 팔아먹고 있는 것입니다. 존경하는 대통령님. 좌파가 나라를 차지하든 우파가 나라를 차지하든 아랑곳하지 않고 혼란을 틈타 우리나라를 도둑질해가는 반국가 침략세력을 용서하지 마시고 부디 물리치셔야 합니다. 후손들의 미래를 생각해서라도 빨리 나라를 바로잡아야 합니다. 적을 알고 나를 알면 백전백승이라고, 사태를 파악하시어 국민을 이끌어 주십시오. 박근혜 대통령이시라면 반드시 우리 국민들을 각성시킬 수 있으리라 굳게 믿습니다.

대통령님! 지금 애국 우파 국민들은 아스팔트에 흩어져 태극기를 흔들며 나라를 살리고자 투쟁하고 있습니다. 부디 국민을 한 곳으로 모을 수 있는 구심점이 되시어 나라를 구해 주십시오. 부디 나오실 수 있는 길이 있다면 속히 나오셔서 국민과 함께 나라를 되살리셔야 합니다. 대한민국의 밝은 해 되시어 나라를 찬란히 비춰 주소서.

2018년 4월 28일 김OO

HIROSHIMA-SHI, JAPAN

산의 전체 모습은 멀리 떨어져서 볼 때 더 잘 볼 수 있다고 합니다. 지금 우리가 처한 현실이나 우리나라의 사정도 때로는 국내에서보다 외국에서 오히려 객관적으로 파악할 수 있다고 생각합니다. 교포분들이 고국을 걱정하는 마음을 담은 편지를 많이 보내주셔서 감사하면서 송구합니다.

머나먼 바다에서 날아온 편지

지난 5월 9일, 대통령께서 심한 허리디스크 통증으로 병원에 가셨다는 소식을 뒤늦게 접하고 깜짝 놀랐습니다. 그래서 평소에는 잘 보지 않던 선(船)내 TV를 켜고 채널을 이리저리 돌려봤지만 대통령님의 근황을 알려주는 방송은 없었습니다. 그날은 인터넷이 안 되는 지역을 항해하고 있었기 때문에 스마트폰으로 인터넷 검색도 할 수 없었습니다. 지인이 보내준 메시지를 보고 그 소식을 처음 알았습니다. 대통령께서 갑자기 쓰러져 병원에 가셨다는 내용이었는데 더 자세한 상황을 알 수 없어서 얼마나 답답했는지 모릅니다. 그 다음 날 겨우 인터넷 연결이 가능한 지역으로 들어가게 되어서 소셜 네트워크와 여러 가지 사이트를 통해서 대통령님의 근황을 찾아볼 수 있었습니다.

일반 국민들은 5월 5일 어린이날부터 5월 7일 대체휴일까지 산으로 들로 그리고 해외까지 나가서 연휴를 즐겼을 텐데 대통령께서는 얼마나 힘들고 외롭고 고통스러우셨을까, 마음이 많이 아프고 화가 나면서도 제가 할 수 있는 게 아무것도 없어서 정말 죄송했습니다. 대통령께서 절대 건강하시길 간절하게 바라고 원합니다.

저는 승선하고 있는 이 배의 선박회사에서 8년 째 근무 중입니다. 일하면서 무릎인대가 파열되고 어깨인대마저 파열되는 등, 여러 번의 사고로 수술하고 치료 받은 적이 있어서 잘 압니다. 대통령님보다 젊고 남자인 저도 그때 얼마나 힘들고 고통스러웠는지 모릅니다. 그래도 저는 병원에서 제대로 입원치료, 재활치료라도 받았지만 대통령께서는 지금 그곳에서…. 제가 정말 죄송스럽습니다. 무엇보다 울화가 치밀어 오르는 것은 인터넷 포털 등 선동 언론들은 병원에서 치료받고 나오시는 대통령님의 사진들을 첨부해놓고 악마 같은 내용을 실어 비아냥거리고 있다는 것입니다. 너무 화가 나서 하나님께 따지듯이 기도를 시작했습니다. 우리 대통령께서 하나님 보시기에 얼마나 부족하여 이 땅의 개돼지들에게 저렇게 조롱을 받아야 하냐고요. 하지만 우리 대통령님의 연단을 제발 여기서 끝내주시고 사저로 돌아갈 수 있게 해 주시라는 마무리로 간절한 기도를 끝냈습니다.

몸이 힘든 건 견딜 수 있지만 마음이 힘든 것은 버티기 괴로워서 5월 말로 사직한다고 회사에 말해두었습니다. 집으로 돌아가서 좀 쉬었다가 고향에서 배를 타려고 합니다. 제가 집으로 돌아가면 글자 수 제한 없는 손편지도 대통령께 자주 보내드리겠습니다. 건강하십시오. 이제는 하나님께 따지지 않고 정말 간절하게 대통령님의 건강을 위해 열심히 기도하겠습니다.

2018년 5월 11일 최OO

고향에서 새로운 일은 시작하셨는지요? 이젠 다치지 마시고 건강하고 보람찬 새날들을 맞으시기 바랍니다. 몇 달간 땅을 딛지 않고 망망대해에서 생활하는 것이 얼마나 힘든 것인지 저로서는 상상만 해 봅니다. 저도 대통령이 되기 전에 여러 선거에서 전국으로 지원 유세를 바쁘게 다녔습니다. 지원 유세는 갈 곳은 많지만 시간은 넉넉하지 못해 어쩔 수 없이 막판에는 며칠 동안 흔들리는 차 안에서 식사를 해결할 수밖에 없었습니다. 내려서 식사하는 시간도 아껴야 되기 때문이지요. 그런데 선거가 끝나고 난 후 모처럼 흔들림이 없는 집에서 식사를 하려고 하니 처음에는 오히려 어지럽고 붕 떠있는 느낌에 기분이 이상했습니다. 배 안에서의 생활도 제가 경험했던 것과 비슷한 것인지 잠깐 생각해봤습니다.

정치에 관심 없었으나 언론이 이 정도일 줄 몰랐습니다

탄핵사태 전까지 정치에 별로 관심 없던 사람이었습니다. 그러나 국가의 수장을 이토록 허술하고 편파적인 과정으로 파면시키고 헌법이라는 대전제를 가지고 노는 게 가능한 행위인가, 하는 의문으로 생전 해본 적 없는 시위에 참가하고 있습니다. 탄핵 초기부터 상황을 판단해보건대 결코 대통령의 큰 잘못이 있어서가 아니라는 것을 확신합니다.

언론, 사법, 국회와 같은 내부적 요인과 북괴, 중국 같은 외부적 요인 모두가 유착해서 탄핵 사태가 만들어진 것을 알게 된 이후부터 기존 언론을 보지 않습니다. 저뿐 아니라 탄핵을 반대하는 사람들 대부분이 그렇다고 합니다. 언론이 이 정도일 줄은 정말 몰랐습니다.

탄핵 광풍 초기, 기독교 보수국민들을 겨냥해서 무당, 굿, 이단 등의 프레임을 짜며 바람잡이 거짓 기사들을 쏟아냈던 언론들은 어떤 책임도 지지 않은 채 정정 기사 형태로 슬쩍 내보낸 것이 해명의 끝이었습니다. 소위 보수라고 알려진 신문에서도 이런 짓을 활발하게 했던 걸로 보아 언론노조와 위장보수가 결탁한 합작품이지 않았나, 합니다.

원칙에 따라야 할 법은 '시대정신'이라는 비상구를 열어놓고 무죄추정의 원칙과 일관성과 공정성이 하나도 없는 재판을 했습니다. 경제공동체니 묵시적 청탁이니 말도 안 되는 죄를 씌웠지만 아무리 털어도 1원 한 푼 나오지 않으니 추징금은 0원인데 벌금이 180억이라지요. 기각도 아닌 각하되었어야 하는 게 정상적 법 해석이었으니 정적 제거를 위한 야합으로 일어난 사태라는 것이 확실히 보이기 시작했습니다. 헌법재판관에게 공정한 판결을 내려 달라고 편지를 쓰려고도 했던 제가 순진했던 것입니다.

참 묘하게도 미국에 기독교 우파정권이 들어선 지금, 한국에는 좌파 정권이 들어서 버렸습니다. 하나님께서 통일 전 우리의 자격을 시험해 보시려는 것이 아닐까 합니다. 국민이 과연 감당할 자격이 있는지 말입니다. 곧 있을 미북 회담에 대해 사람들이 일희일비하지만 결과에 관계없이 북괴는 이전처럼 지속되지 못할 확률이 크다고 봅니다. 대통령께서 북한 인권을 위해 애쓰신 모든 것들이 재평가될 때가 올 것입니다.

개인적으로는 교육을 바로잡을 수 있는 근본적인 길을 열기 위해 애쓰셨던 것에 감사드립니다. 국정교과서의 필요성에 대한 연설 장면, 청와대에 갇혀 계시던 암울한 상황에서도 안타까워하며 유감 성명을 내셨던 것, 똑똑히 기억합니다. 지금 보면 그만큼 중요한 것이 없었습니다. 온갖 문화 영역을 장악하고 국민을 세뇌하고 있는 문화계의 이념 편향을 우려하셨던 이유도 절대적으로 공감합니다.

다시 한번 말씀드리지만 대통령께서는 정치꾼들과 야합하지 않았다는 이유로 정치적 고초를 당하고 계신 것입니다. 원래부터 권력을 위해 비난만을 일삼던 이들이, 좌파가 정권을 잡았다는 결과에 대한 책임을 이유로 대통령을 비난하는 것도 자신들의 잘못을 또다시 대통령께 뒤집어씌우는 것입니다.

매주 토요일마다 탄핵의 부당함을 알리는 시위가 광화문 일대에서 한 번도 빠짐없이 열리고 있습니다. 언론에 속아 잘못된 판단을 하는 국민들도 많지만 대통령께서 지금 치르고 계시는 전쟁을 함께하며 응원하는 국민들이 더 많다는 것을 잊지 말아 주세요.

2018년 6월 6일 김OO

서울시 강남구 역삼동

후손들에게 우리의 역사를 자학하거나 미화하지 않고 있는 그대로 알려주는 것이 그 어떤 것보다도 중요하다고 생각합니다. 긴 세월 동안 국민 사이에 합의가 이루어진 보편적인 사실을 있는 그대로 전달하는 것이 올바른 역사교육이라고 생각합니다. 왜곡된 시선으로 우리의 자랑스러운 역사를 폄하하더라도 이러한 잘못들은 그리 오래지 않아 바로 잡힐 것으로 생각합니다. 올바른 역사교육만이 나라를 분열시키지 않고 국민에게 진실을 찾는 힘을 길러 준다고 믿고 있습니다. 또한 아픈 상처를 헤집으면서 상처를 덧나게 하는 사람보다 아픈 상처를 보듬고 위로해 주는 그런 사람들이 많아지면 우리 사회는 그만큼 성숙해지고 발전한다고 생각합니다.

시간의 흐름과 변화가 낯선 요즘입니다

한여름의 열기가 느껴지는 6월, 어제는 현충일이었습니다. 찬란한 자유 대한민국의 국방과 번영을 위하여 애쓰시고 순국하신 영령들의 뜻을 깊이 새기고 기리면서 박정희 대통령의 모습을 그 어느 때보다 그리워하는 마음으로 추모를 올렸습니다.

주요 도심지에서는 집회가 열렸습니다. 뜨거운 한낮의 열기처럼 태극기 물결이 반짝이며 수많은 사람의 마음속에 일렁였습니다. 비록 이렇다 할 성과나 결과는 기대에 미치지 못하지만 숱한 국민들의 염원이 반드시 뜻을 이루리라 믿습니다.

6월 13일 지방선거를 앞두고 거리에는 선거 운동 유세 차량들로 번잡하기가 이를 데 없습니다. 그러한 모습들을 스쳐 지날 때마다 대통령님의 모습이 떠올라서 현실과의 괴리감에 쓴 미소를 짓게 됩니다. 선거철만 되면 대통령께서는 전국을 숨 가쁘게 뛰어다니며 각 후보들을 독려하셨습니다. 심지어 면도칼 테러를 당하신 순간에도 나라와 후보자들을 먼저 걱정하신 분이었습니다.

불편한 점이 한둘이 아니시겠지만 저는 대통령께서 굳건한 신념과 흔들리지 않는 마음가짐으로 고난 속에서도 잘 버티고 계시리라 믿어 의심치 않습니다. 저를 비롯한 수많은 국민들의 염원이 이루어져서 계절이 바뀌듯 진실이 밝혀지는 순간이 기필코 찾아올 것입니다.

거리에는 벌써 아이스커피를 들고 다니는 이들이 보입니다. 신선한 원두를 추출한 시원한 아이스커피를 대통령께 올리고 싶은 마음 가득합니다.

2018년 6월 7일 박OO

서울시 성동구 성수동

"겨레와 나라 위해 목숨을 바치니 그 정성 영원히 조국을 지키네. 조국의 산하여 용사를 잠재우소서. 충혼은 영원히 겨레 가슴에. 임들은 불멸하는 민족혼의 상징 날이 갈수록 아아 그 충성 새로워라"

편지를 읽으면서 위의 현충일의 노래가 떠올랐습니다. 대통령으로 재직할 당시 매년 현충일에 동작동 현충원에서 열리는 추념식에 참석해서 그곳에 잠들어 계시는 호국영령들을 기렸습니다. 현충일은 그분들의 고귀한 희생으로 이 나라를 공산주의로부터 지켜낼 수 있었고, 그분들의 피와 땀으로 오늘 우리가 번영을 누리고 있음을 새삼 가슴에 새기는 날이었습니다.

박정희 대통령님을 뵈었던 그 날

당신을 생각하면 늘 가슴 한구석이 아프고 슬프지만, 건강하시다는 소식이라도 들으면 안도의 숨을 내쉬게 됩니다. 지난 5월 18일과 6월 6일에는 동작동 국립묘지에 다녀왔습니다. 박정희 대통령보다 육영수 여사의 묘를 먼저 참배했습니다. 수많은 순국선열의 묘를 바라보면 비통함과 죄송함에 고개를 바로 못 들지만, 마음으로 용서를 빌었습니다.

저는 경북 안동시에서 자랐습니다. 여고 1학년 때인가, 안동댐 준공식에서 처음으로 박정희 대통령님의 얼굴을 뵈었습니다. 그때 창밖으로 손을 흔드시던 모습을 뵙고 울컥 슬픔이 올라와 눈물이 났던 것을 지금도 생생하게 기억합니다. 사진에서 뵈었던 모습보다 훨씬 수척하고 외로워 보이셔서 마음이 아팠습니다. 오천 년 역사 가운데 가장 훌륭한 리더이셨던 분, 한국뿐 아니라 세계적으로도 찾아보기 드문 위대한 지도

자는 박정희 대통령이십니다. '내 일생 조국과 민족을 위하여'라는 평생의 다짐을 안고 불철주야 나라와 국민을 위해 사신 그분의 따님이 바로 박근혜 대통령이십니다.

이제 계절은 점점 뜨거운 여름을 향해 달려가고 있습니다. 추워도 더워도 대통령의 건강과 안위가 걱정되는 우리 민초들입니다. 겨울에 난방을 할 때도, 여름에 에어컨을 켤 때도, 맛있는 음식을 놓고도 죄책감으로 주저하게 되는 우리 애국 국민들입니다. 혹자는 말합니다. 박근혜 대통령의 멘탈은 신과 인간 사이의 영역이라고. 그래도 인간의 몸을 가지셨으니 하루하루, 매시간 얼마나 버겁고 힘드실까요. 잘 견디어 주시리라 믿고 싶습니다. 당신의 미소와 목소리 그리고 손 흔드시던 그 모습을 그리며 오늘도 간절히 기도하는 마음으로 하루를 보냅니다.

2018년 6월 18일 권OO

서울시 성북구 정릉동

보내주신 편지를 읽으면서 아버지와의 추억이 떠올랐습니다. 어느 날 아침 식사 후 조간을 보시다가 아버지께서 하셨던 말씀이 생각났습니다. 아버지께서 보신 조간에는 '조국 근대화와 민족중흥을 위해 지칠 줄 모르고 추진하셨던 수많은 일들, 집념. 그 동인(動因)은 어디에서 온 것인가?'에 대한 전문가의 글이 실렸었는데, 그 글의 결론은 '가난하기 그지없었던 나라와 민족의 한(恨)이었다'는 것이었습니다. 당시 아버지께서는 그 글을 읽으신 후 "어떻게 내 마음을 이렇게 정확하게 알고 짚어 낼 수가 있는가"라고 하신 말씀이 기억납니다. 제 기억으로는 안동댐 건설은 식량 자급을 위한 노력의 일환으로 건설을 했던 것이고, 5년 넘게 걸린 공사였습니다. 안동댐이 건설됨에 따라 관개용수를 하류에 공급하여 많은 수리불안전답을 수리안전답으로 만들 수 있었다고 합니다. 오늘날 우리가 누리고 있는 풍요로움은 지난 힘들고 어려웠던 시절에 국민과 지도자의 노력들이 함께 모여 이룰 수 있었던 것으로 생각합니다.

저들의 부정행위가 의심됩니다

자유와 인권을 박탈당하고 몸도 편하지 않은 가운데도 의지를 굽히지 않고 잘 견뎌내고 계심을 안타까운 마음으로 응원합니다. 지금 정부는 적폐청산이라는 이름으로 지난 정부 인사들을 모두 꼬투리를 잡아 법정에 세워 핍박하는 데 열심입니다. 저 좌파 일당들은 그 무리와 그들의 잘못으로 자멸할 수밖에 없다고 많은 분들이 장담합니다.

6·13 지방선거에서 싹쓸이한 더불어당과 문재인 정권에 대해 부정선거를 주장하는 시민단체가 있습니다. 어느 지방에서는 유권자 수보다 더 많은 수의 투표용지가 나온 투표함도 있고, 사전선거 투표함에서는 접지 않은 빳빳한 용지가 무더기로 나왔다는 주장을 하는 참관인도 있습니다. 드루킹의 댓글공작 공범 의혹이 짙은 김경수는 경남 지사에 당선되었고, 이재명은 경기 지사에 당선되었습니다. 재산 한 푼 없고 빚만 수억 된다는 박원순도 서울시장 3선에 당선되었습니다. 이해할 수 없는 일들이 너무나 많이 벌어지고 있습니다.

얼마 전 유튜브 방송에서 재판관에게 탄원서 보내기 운동을 호소하면서 많은 시민들이 동참하고 있다고 합니다. 제가 이 편지를 쓰는 것도 그로부터 시작된 것입니다. 그런데 제가 작업 중 손가락을 잃는 사고로 그나마 못쓰던 글이 더 형편없이 됐습니다. 부디 대통령께서는 옳은 정권 다시 세우고 좌파를 척결하는 그날까지 건강 잘 지키시기 바랍니다. 다음에는 좋은 소식 전할 수 있도록 힘써 노력하겠습니다.

2018년 6월 22일 남OO

충청북도 진천시 진천읍 신정리

일을 하시다가 손가락을 잃는 사고를 당하셨다니 얼마나 놀라고 힘드셨는지요? 진심으로 위로의 말씀을 드립니다. 힘든 일을 겪고서도 나라를 걱정하고 오히려 저를 위로해 주시니 제가 뭐라고 말씀을 드려야 할지 모르겠습니다. 부디 건강을 빨리 회복하시고 더 힘찬 미래를 위해 나아가시기를 바랍니다.

중국 교포의 글, 자유민주주의의 소중함

열악한 환경 속에서 어떻게 하루하루를 지내 오셨는지요? 글을 쓰는 이 순간도 눈물이 앞을 가립니다. 저는 귀화한 중국 교포입니다. 어릴 적부터 공산주의 교육을 받았으나 한국 생활 20년을 하면서 세계관이 바뀌었습니다. 자유민주주의의 소중함을 알게 된 것은 물론입니다. 박정희 대통령님이 가장 위대한 대통령이신 걸 알게 되었고, 박근혜 대통령님의 인품도 알게 되어 무한히 존경하게 되었습니다. 거짓이 그렇게 살판 칠 때도 저는 대통령님을 굳게 믿었습니다. 저 혼자만이 아니라 수많은 사람이 그러했고 지금도 그러합니다. 우리가 있습니다. 절대 굴하지 마시고 건강 챙기시길 바랍니다.

2018년 6월 25일 홍OO

서울시 관악구 남현동

한국 생활을 20여 년 하시면서 자유민주주의의 소중함을 알게 되셨다는 말씀이 정말 소중하게 느껴집니다. 다른 누구보다도 '자유'에 대한 신념이 확고하실 것이라 생각됩니다. "거짓이 그렇게 살판칠 때에도 저는 대통령님을 굳게 믿었습니다."라는 말씀에 많은 위로를 받았습니다. 감사합니다.

탄원서

아래는 제가 보낸 탄원서입니다.

탄원서

사건번호 2018노1087

피 고 인 박근혜

"비아그라가 나왔다. 그 다음에 마약 성분이 나왔다. 계속해서 더 나올 거다. 앞으로 이제, 섹스와 관련된 테이프가 나올 거다."

존경하는 재판장님, 위 발언을 기억하십니까. '시사인'의 주진우 기자가 개그맨 김제동과 함께 2016년 11월 25일, 일본 와세다대학교에서 열린 토크콘서트에서 한 발언입니다. 언론은 기자의 발언을 대서특필하였습니다. '너무 나갔다.'는 비판도 일부 있었지만 대부분의 언론과 정치인, 국민들은 '최순실과 박근혜 게이트의 끝은 어디인가?'라며 조롱과 분노를 표하였습니다.

이것이 탄핵의 정서(情緒)입니다. 확인되지 않은 소문, 언론 윤리의 실종, 독신 여성에 대한 관음증, 인터넷 인민재판의 극대화, 권력투쟁에 매몰된 비열한 정치…. 주류 언론이 정치면의 주요 뉴스로 다루고, 종편과 인터넷, 소셜 네트워크에서 온종일 화제가 되었던 박근혜 대통령 관련 이슈들은 다음과 같습니다.

최태민-라스푸틴, 美 기밀문서, 미용 지출액 2,000억 원, 청와대 침대만 세 개, 최순실 무당설, 8선녀 명단, 관저에서 성형시술(상안검, 하안검, 실 리프팅, 프티 필러, 미스코 성형), 마약주사 프로포폴 상습투약, 세월호 참사 당일 올림머리 세 시간, 세월호 300명 인신공양, 청와대서 최태민 천도제, 드라마에 빠져 '길라임' 가명 사용, 미국 대사관도 촛불 지지 5분 소등, 최순실 은닉재산 10조 원 등.

탄핵의 정서는 너무나 강력했습니다. 이처럼 낯부끄러운 수준의 헛소문들이 정규 뉴스 헤드라인을 장식하고 주요 일간지 1면 톱기사로 다뤄지던 것이 당시의 분위기였습니다. 때문에 우리는 진위를 파악할 겨를도 없이, 대통령 박근혜를 탄핵하고 파면하여 응징하듯 옥에 가두었습니다. 1심은 사실상의 무기징역에 해당하는 24년형을 선고하였습니다.

존경하는 재판장님, 저는 혹시나 탄핵의 정서가 대통령 탄핵에서 멈추지 않고 사법부마저 쓸어버릴까, 그것이 두렵습니다. 탄핵은 정치의 영역입니다. 형량은 법치의 영역입니다. 그런데 1심 재판부는 '묵시적 청탁'이라는 희대의 용어를 동원하여 이미 탄핵 당한 대통령에게 사실상의 무기징역을 선고하였습니다. 탄핵의 정서가 아직 강력하던 때라서, 두려워 그랬다고 믿고 싶습니다.

이제 국회가 탄핵안을 가결한 지 3년이라는 세월이 흘렀습니다. 이만큼의 세월에도 탄핵의 정서를 극복하지 못하고 소문과 여론과 권력에 사법부가 굴복한다면 대한민국의 법치주의는 마지막 숨이 끊어져 버리고 말 것입니다. 이제 누구든 사회적으로 매장하고 정치적으로 탄핵할 수 있다면, '법은 곧 무용지물'이라는 공식이 우리 사회에 널리 통용될까, 하는 걱정으로 저는 밤을 꼬박 새우곤 합니다.

부디 후세에 부끄럽지 않은 판결을 부탁드립니다. 대한민국 법치주의 100년이 지금 판사님의 손에 달렸다고 해도 과언이 아닌 것입니다.

2018년 7월 10일 이OO

서울시 양천구 신정동

두 사람의 대담내용을 전해 들은 적이 있습니다. 입에 올리기조차 민망하고 저질스러운 내용으로 저를 조롱하고 모욕하였지만, 사실이 아니기에 무시했습니다. 그들이 말한 것들이 이미 거짓으로 밝혀졌고, 많은 사람들이 그들의 추악한 행태를 알게 되었다고 생각합니다.

이 또한 지나가리라

지루하던 장마도 끝나고 폭염과 열대야가 시작되겠죠. 저희는 선풍기도 에어컨도 맘껏 쓸 수 있으니 괜찮지만, 대통령께서 여름 나실 일이 걱정입니다. 지난달 병원 다녀가신 일, 유튜브로 소식 들었어요. 아프실 땐 참지 마시고 병원 가겠다고 하세요. 무엇보다 건강이 소중합니다.

2심 선고에 앞서 저를 비롯한 많은 국민이 대통령님의 불구속 재판을 요청하는 탄원서를 재판부에 제출하였습니다. 국민의 뜻이 재판장께 잘 전달되길 간절히 바라고 있습니다. 나라 소식은 좋은 일이 없어요. 지방 선거는 대구 경북을 제외하고 전멸했고, 교육감 선거도 모두 졌고, 그런 마당에 자한당은 아직도 정신 못 차리고 자기들끼리 싸우고 있습니다. 야당의 본분이 대여투쟁인데 이 나라에는 야당이 없습니다. 문 정권보다 저들이 더 미워요.

물가는 천정부지로 오르고 경기는 끝없이 추락 중입니다. 사람들이 눈만 마주치면 죽겠다, 죽겠다 그래요. 저도 자영업을 하는데 매출이 반토막이 나서 마음은 아프지만 직원을 내보내고 혼자 운영하고 있습니다. 미북 대화는 잘 안 되고 있어요. 예상했던 대로 북한이 협조하지 않고 엉뚱한 소리만 합니다. 다시 대북 압박 작전으로 바뀔 거라고 외신들이 말합니다. 국내 언론은 그냥 웃음밖에 안 나와요. 엉터리.

요즘도 전국 곳곳에서 평일 주말 할 것 없이 집회가 열립니다. 누가 시킨 것도 아닌데 그 많은 사람이 벌써 1년 넘게 탄핵 무효를 외칠 수 있는 것은 자유민주주의에 대한 신념과 대통령님의 진실이 있기에 가능하다고 생각합니다. 물론 언론은 보도도 안 해줍니다.

'이 또한 지나가리라.'는 말 아시죠? 우리가 어찌할 수 없을만큼 큰 시련에 빠진 지금, 꼭 필요한 말인 것 같습니다. 대통령님은 혼자가 아니십니다. 앞에 옆에 뒤에 우파 국민이 있습니다. 한 번도 뵌 적 없지만 대통령께서 나오시는 날에는 만사를 뒤로하고 달려갈게요. 사랑해요, 대통령님.

2018년 7월 12일 박OO

서울시 노원구 상계동

"이 또한 지나가리라." 참으로 오랜만에 들어보는 말입니다. 모든 것이 지나가지요. 좋은 기억을 가진 행복한 시간이든, 나쁜 기억을 지닌 힘든 시간이든 모두 지나갈 것입니다. 하루하루가 힘들고 고통스럽다는 생각이 들다가도, 밖에서 저를 지지해주시는 많은 국민들이 있다는 생각에 힘을 내고 견디고 있습니다. 지루하고 힘든 시간이 앞으로 저를 기다리고 있겠지만 이겨낼 것입니다. 따뜻한 위로와 격려에 감사를 드립니다.

대한민국이 걸어온 길

폭염이 계속되는 날씨에 좁은 공간에서 고생하실 것을 생각하면 저희는 호사스러운 생활을 하는 것 같아 마음이 저며 옵니다. 이미 많은 것을 갖고 있는데, 자신에게 보물이 있는지도 모르고 엉뚱하게 남의 것을 탐내다 파멸의 길로 들어서는 사람들을 종종 보게 됩니다. 그래서 어느 종교든지 참회부터 시작하라고 하는 것인가 봅니다. 먼저 자신의 허물을 깊이 반성하고 남이 잘되기를 축복한 뒤 범사에 감사하라는 뜻인 것 같습니다.

1948년에 태어난 대한민국은 새마을운동을 기점으로 국민이 단합했고 70년대에 들어서면서 본격적으로 수출을 시작, 농업국가에서 공업국가로, 산업국가로 변모해가기 시작했습니다. 무엇보다 국비장학생 제도를 만들어 수많은 인재를 키운 것이 세계 최빈국을 벗어나 반듯한 선진국 반열에 오를 수 있게 한 원인이었습니다. 이렇듯 나라의 지도자란 좋은 정책을 펼치고 훌륭한 업적을 이루어 후대의 이정표가 되어야 합니다. 그런데 지금은 가장 평범한 상식도 통하지 않는 사회주의 국가가 되어가고 있습니다. 그간 우리 교육이 얼마나 잘못되어 왔는가를 반성하게 됩니다.

젊은 사람들은 우리가 원래 잘 살았다고 착각하며 듣기 싫다고 귀를 막겠지만 밀가루, 강냉이 가루 같은 구제물자를 타 먹던 시절이 엊그제 같습니다. 평생 비행기를 한 번이라도 탈 수 있기를, 미국 같은 나라에 한 번 가볼 수 있기를 꿈꾸며 젊은이들이 성장했던 게 불과 60여 년 전입니다. 그런데 박정희 대통령께서 100년 앞을 미리 내다보고 국민을 위해 헌신하며 나라를 발전시켜 오셨습니다. 그리고 박근혜 대통령님은 어머니의 심정으로 곳간을 채워놓으셨고 안보를 위해 외롭게 싸워오셨습니다. 그런데 철모르는 일부 국민들은 보답은 고사하고 한쪽 눈으로만 세상을 보며 그동안 우리가 이루어 온 대한민국을 부정하고 있으니 답답할 노릇입니다.

화(禍)와 복(福)은 항상 교차합니다. 시련의 시간도 기쁨의 시간도 찰나에 지나갈 뿐입니다. 많이 힘드시겠지만 지금 이 순간에도 고마워해야 할 무언가가 있다는 것에 감사하며, 마지막에는 모든 것이 본래 자리로 되돌아갈 것이라는 믿음을 가지시고 그렇게 마음 편안한 시간을 늘

려가셨으면 합니다. 하루속히 정당하게 복귀하시기를 기원하며 가슴 속 깊이 응원합니다!

2018년 7월 27일 이OO

서울시 동작구 대방동

"화(禍)와 복(福)은 항상 교차합니다. 시련의 시간도 기쁨의 시간도 찰나에 지나갈 뿐입니다."라는 말씀이 화두처럼 다가옵니다. 억겁의 시간에서 보면 지금 보내고 있는 이 시간들은 찰나에 불과할 것입니다. 무엇보다도 "안보를 위해 외롭게 싸워왔다"라는 말씀이 제게는 큰 위로가 되었습니다. 또한, 저의 진심을 알아주는 국민이 있다는 사실에 혼자가 아니라고 생각했습니다. 편지 감사합니다.

더울 때 화가 나고 추울 땐 슬픈 서민들

대통령님. 뇌물을 받고 자살한(또는 자살 당했다고 의심을 받는) 노회찬의 장례가 국회장으로 성대하게 치러졌습니다. 무슨 영웅의 죽음처럼 묘사되는 기괴한 장면이었습니다. 누가 보면 노회찬이 장렬하게 전사라도 한 것 같은 대접이었습니다. 어제 국회가 하는 모양을 구경하러 갔더니 의사당 본관 정문 위에 '노회찬의 서거를 추모한다.'는 거대한 검은 현수막이 걸려있었습니다. 도올 김용옥이라는 좌파인사는 노회찬을 예수로 묘사했습니다. 언제부터 예수 그리스도가 뇌물을 받고 추락한 인물의 대명사가 되었는지 모르겠습니다. 내일(28일) 있을 태극기 집회에서 쓸 피켓 문구에 '뇌물 먹고 추락하면 영웅 되는 우리나라'가 있는데 도안을 이미 넘긴 상태가 아니었다면 '뇌물 먹고 추락하면 예수 되는 우리나라'로 바꾸어야 하나, 고민했을 것 같아요.

박원순은 최근 '서민체험 옥탑방 쇼'를 하고 있어요. 서민을 이해하기 위해서 한 달간 옥탑방에 거주한다는 것인데, 보증금 없이 월세가 200만 원이랍니다. 이 더위에 옥탑방 실내에서 찍었다는 사진 속 박원순 내외는 긴팔 옷을 입고 있습니다. 에어컨 사용이 의심됩니다. 서민은 전기료 걱정에 에어컨이 있어도 못 틀거나 집에 에어컨이 없습니다. 하얀색 고무신을 구매해서 신고 다닌다고도 합니다. 서민은 고무신이 아니라 싸고 무난해 보이는 신발을 사서 수명이 다할 때까지 신고 다닙니다. 박원순은 서민을 팔면서 서민이 뭔지, 서민이 어떻게 사는지도 모르는 것입니다. 아니면 다 알고도 서민을 놀리는 것입니다.

서민은 더우면 화가 나고 추우면 슬픕니다. 단순노동은 사람을 단순하고 직선적으로 만들고, 오로지 개인의 생활과 욕망에 급급하게 만들곤 합니다. 대중이 정치에 관심을 갖게 되는 동기는 대개 개개인의 불만에 있습니다. 다수의 위정자들은 서민들이 사는 곳을 저주하고 이웃에 분노하고 사회를 원망하게 되는 과정을 알지 못하면서 그 분노와 슬픔을 이용하려고만 합니다. 착해 보이는 말을 외워서 하고 판에 박힌 소리를 떠들며 표를 챙겨가는 그들에게 대부분의 서민은 환멸을 느끼지 않을 수 없습니다. 매주 토요일 로또 당첨의 꿈을 꾸며 행복회로를 돌려야 평일을 살아갈 수 있는 서민의 도피 욕구도 그들은 이해하지 못할 것입니다. 이것을 이해하지 못하면 좌우를 막론한 정치권 인사들은 민심을 얻기 어렵다고 생각되었습니다. 월요일 아침, 농협 본점으로 당첨금을 찾으러 가는 행복한 상상을 하는, 일확천금의 상상에 의지하는 사람들이 점점 많아지고 있다는 게 왜 슬픈지도 그들은 모를 겁니다.

2018년 7월 27일 채OO

"서민은 더우면 화가 나고 추우면 슬픕니다."라는 구절을 읽으면서 "없는 사람들은 겨울나기가 더 힘들다."라는 우리말이 떠올랐습니다. 더위는 어찌어찌 그늘에 들어가 피할 수 있고 바깥에서 자도 최소한 동사할 염려는 없지만, 겨울에는 매서운 칼바람을 막아 줄 방 한 칸조차 없는 서민들은 살아가기가 너무 힘들기 때문에 나온 말이 아닌가 싶습니다. 편지글을 읽으면서 정치라는 것이 거창한 구호나 퍼포먼스가 필요한 것이 아니라, 그저 국민들이 일상에서 별

걱정 없이 자신들의 의식주를 해결할 수 있게 해주는 것이 아닌가 생각해봤습니다.

20·30세대인 이 청년은 이제야 깨달았습니다

국가 초유의 탄핵사태 때 언론 선동을 당한 젊은 청년으로, 기울어져 가는 현실 이면에 국가 전복 세력의 부정 탄핵 음모가 있음을 뒤늦게 알게 되어 미혹에서 깨어난 청년입니다. 저와 같은 20·30세대는 '이명박근혜' '정경유착 정부'라는 편견 때문에 탄핵 파면에 동의한 사람들이 많았습니다. 저도 2016년 이후 탄핵에 동의한 탐욕적인 친중 세력(국회의원들)의 카르텔과 음모인 것을 모르고 대통령께서도 악한 무리에 동의하셨다고 오해하고 있었습니다. 저 또한 악의 세력들이 승리하는 데 동의했던 것입니다. 그러나 실상은 전교조 법외노조 승인, 통합진보당 해체, 개성공단 철수 등을 앞장서서 결행한 자유민주체제 수호자였던 대통령께서 좌파들의 선동공작으로 탄핵 당하셨다는 것을 뒤늦게 알았습니다.

역대 이승만 대통령, 박정희 대통령의 노선을 승계하신 대통령님의 구명과 석방, 복권을 적극 지지하고 있습니다. 거시 경제는 트럼프 대통령 집권 이후의 미국처럼 자유 시장 경제 수호에 답이 있으며, 미시 경제는 박정희 대통령께서 일으키신 새마을운동과 자유 경제 정책의 재개에 답이 있습니다. 통일되면 북한 성장의 뇌관이 되어 줄 것입니다.

박 대통령님의 노고와 선의를 알아 뵙지 못하고 악의 세력에 동조한 어리석었던 청년을 용서해주세요. 앞으로 진실이 판명되고 무죄 석방, 복권되실 것을 간절히 희망하며 끝까지 응원할 것을 약속드립니다. 주변에 최선을 다해 진실을 알리겠습니다.

2018년 8월 초

'물길을 낼 때는 깊이 생각하고 꼭 내야 할 곳에 내야 한다. 물은 그 길을 따라서만 흐르기 때문에, 한 번 길을 내고 나면 그 흐름을 막을 수가 없다. 따라서, 처음에 힘이 든다고 해서 아무 데나 물길을 내면 안 되는 것이다. 사람이 살아가는 인생도 물길과 같은 것이다.'

정책을 물길과 한 번 비유해 봤어요. 정치는 정책으로 추구하는 것을 실천할 수 있는데, 정책도 물길처럼 처음에 잘못된 길로 들어서면 이를 벗어나기가 너무 어려우므로, 처음 정책의 방향을 잡을 때는 심사숙고해서 실수나 부작용을 줄여야 합니다. 그렇지 않으면 방향이 한 번 잘못된 정책을 바로잡기 위해서 두 배, 세 배, 몇 배의 힘이 더 들기 때문입니다. 그런 잘못된 정책으로 인한 피해는 모두 국민의 몫으로 돌아오겠지요.

눈이 열리고 철이 들면서

상상할 수 없는 억울함과 고난을 당하고 계시는 대통령님! 저는 호남에서 태어나 호남에서 자라 호남인으로 지금까지 살아온 사람으로서 대통령께 엎드려 사죄드립니다. 학창시절부터 호남 정치인들의 선동에 세뇌되어 선친 대통령님을 매우 싫어하고 비판했던 사람입니다. 그런데 한 유튜브 방송을 보게 되면서 전후 사정을 알게 되었고 대통령님 계신 주소를 알게 되어 늦게나마 글을 드립니다.

저는 목회를 하면서 눈이 열리고 철이 들면서 진실을 조금씩이나마 알아가게 되었습니다. 그분의 위대하심을 알고 과거를 회개하고 있습니다. 대통령님의 무죄함을 알고 부족하지만 기도하고 있습니다. 어떤 사람들처럼 절망하고 포기하지 않으신 것만으로도 이미 성공자이십니다. 건강 조심하셔서 꼭 재기하시기를 기원합니다.

비록 낙엽이나 짐승처럼 이리저리 흔들리며 배은망덕을 일삼는 사람들이 있고, 구제불능의 추태를 버리지 못하는 인간들이 수없이 많지만 살아계신 하나님의 손길을 믿고 우매한 국민들을 다시 이끌어주는 대통령님이 되시기를 기원합니다. 24일 재판에서 꼭 자유의 몸이 되시기를 간절히 소원합니다. 그날 첫 고속버스를 타고 법원 주변에서나마 대통령님을 응원하겠습니다.

2018년 8월 20일 신OO

광주광역시 서구 OO동

지금의 시련을 통해 우리나라가 한 걸음 더 성숙되고 선진국으로 나아갈 수 있다면 지금 제가 겪고 있는 이 시간을 이겨낼 수 있습니다. 자유 대한민국을 잃지 않기 위해 한마음으로 모이는 우리 국민들의 마음을 하나님께서 저버리지 않으시리라 믿습니다. 목회자로서 더 밝고 나은 세상을 위해 많은 노력을 해 주시기를 바랍니다.

중도에서 애국 국민으로

오늘은 비가 옵니다. 폭염도 지나간 듯합니다. 아이들이 개학을 해서 저는 오랜만에 책상 앞에 앉았습니다. 24일은 항소심 판결 날이지요. 그동안 몇 번의 결과를 보며 실망한 탓에 이제는 희망을 이야기하는 데도 조심하게 됩니다. 그저 기도하고 재판의 실체를 인터넷에 알리고, 탄원서를 보내는 일을 할 뿐입니다.

요즘 언론의 이슈는 경제입니다. 좌파나 우파가 모두 분노하는 문제인 것 같습니다. 집권 2년 차에 54조의 예산을 들이고도 5천 개의 일자리 증가가 문재인의 성적표입니다. 대통령님 집권 2년 차 일자리, 50만 5천 개와 비교하며 언론에 나오고 있습니다. 급격한 시급인상, 주 52시간 근무제를 막무가내로 도입하면서 자영업자들과 제조업이 급격히 어려워지고 있다고 합니다. 오죽하면 소상공인들이 "나를 잡아 가두라."고 외치며 거리에 나와 투쟁 중입니다.

경제 폭망과 함께 문재인과 민주당의 지지율은 하락 중이지만 한국당의 지지율은 요지부동입니다. 10% 정도에서 한 치도 앞서지 못하고 있습니다. 지난 지방선거 참패 이후 홍준표가 물러나고 김성태가 주가 되었는데 비대위 위원장에 김병준을 앉혔습니다. 참여 정부 출신을 비대위에 앉히다니, 문재인의 대형 CCTV를 한국당에 설치했단 느낌입니다.

우파 국민들에게 비상사태입니다. 나라가 망할까 걱정이고 공산화될까 걱정입니다. 하지만 한국당은 뇌를 제거당한 인간처럼 배실배실 웃고 있습니다. 어떤 사람들은 이럴 바에는 신당이 생겼으면 좋겠다고 합니다. 우파적 신념이 강하고도 투쟁력을 갖춘 정당의 탄생이 정치학적으로 쉽지 않은 일이겠죠? 어찌해야 할까요. 문재인이 무너져도 우파 정당도 우파 주자도 없습니다.

저는 중도에 가까운 보수였는데, 이젠 극우가 된 것 같습니다. 문재인과 주사파들이 하는 짓을 보면서 사상검증이 얼마나 중요한 것인지 깨닫게 되었습니다. 친북, 종북 인간들에겐 조금의 틈도 주어선 안 된다는 것도 절실하게 깨달았습니다. 공산 세력의 선전 선동술과 역사 왜곡이 얼마나 큰 문제인지요. 우리나라에 왜 국정 역사 교과서가 필요한지도 확실히 알았습니다. 저부터 역사를 제대로 공부해서 제 아이들부터 바로 가르치려고 합니다.

많은 혼란 속에 우파 국민들은 유튜브 방송을 통해 정보를 얻고 소통하고 있습니다. 흩어진 기운들이 어떤 접점 하나로 모이면 굉장할 거란 생각이 듭니다. 그럼에도 지금 무엇을 해야 할지 잘 모르겠습니다. 대통령님이 자꾸 이슈화되는 게 불리하다는 주장도 있고 또 대통령께서 무엇을 바라시는지도 모르겠습니다. 영화처럼 영웅이 나타나길 바라보기도 합니다. 벌써 8월이 끝나갑니다. 길고도 힘든 싸움을 하고 계신 대통령님. 건강하셔야 합니다.

2018년 8월 21일 김OO

강원도 원주시 반곡동

조그만 회사의 사장이 잘못된 결정을 하면 그 회사가 망하고 그에 딸린 식구들이 고통을 받지만 한 나라의 정책이 잘못되면 그에 따른 대가는 온 국민들이 치러야 하겠지요. 무릇 정부의 정책이란 것은 지식만으로 되는 것이 아니고 그 정책을 주도하는 사람들의 국가관, 역사관, 경제관, 안보관, 복지관 등등에서 그 틀이 정해지는 것이기에 잘못된 '관'에서 나오는 정책은 내용이나 결과가 옳을 수가 없겠지요. 옛 말씀에 '털끝만 한 차이가 (나중에) 천 리나 차이가 난다.'고 했는데 어리석은 자들은 그 작은 차이가 훗날 어떠한 결과를 초래할지 알지 못한 채 눈앞의 이익만을 챙기려고 하겠지요. 그럴수록 국민들이 더 냉철하고 이성적으로 지켜보아야 이를 막아낼 수 있을 것입니다.

애국의 길은 어디에

유난히 무더운 여름이었습니다. 밤낮을 가리지 않는 폭염에 대통령님의 건강이 염려됩니다. 대통령께 보탬이 되기 위해 애국할 수 있는 길이 무엇일까, 고민해보는 것이 요즘 저의 버릇입니다.

귀농해서 처음 농사를 짓다 보니 쉴 틈이 없을 정도로 일이 쌓입니다. 얼마 전에는 김장 무와 배추를 심었습니다. 비 한 방울 내리지 않던 지난 폭염에 심은 콩은 잎만 무성히 자라고 꽃이 피지 않아 콩집이 열리지 않았습니다. 사람이 아무리 노력해도 한계가 있다는 걸 농사일을 하며 깨닫게 됩니다. 자연이 주는 힘, 햇빛과 바람과 비, 이 모든 것이 농사에 필요한 거름이라는 것을요.

여름에 피어야 할 능소화는 이제 겨우 담장 너머로 몇 송이 얼굴을 내밀었습니다. 일주일 전에 피기 시작한 배롱나무는 꽃분홍색 자태가 고와서 대통령님을 생각나게 합니다. 허리가 많이 편찮으시다고 들었는데 어리석고 못난 국민들이 깨달을 그 날까지 건강을 지키시어 애국 국민 곁으로 돌아오십시오.

대한민국은 정말 잘 사는 나라입니다. 고속도로 휴게소마다 어쩌면 그렇게 화장실을 잘 꾸며 놓았는지. 그리고 어디를 가도 도로가 잘 정비되어 있어서 길을 못 찾아 헤매는 일은 없을 것 같습니다. 누구나 내비게이션도 갖고 있으니까요. 유럽에 가도 이렇게 편리하지 않았는데 대한민국은 참 좋은 나라입니다. 하지만 대한민국이 요즘은 많이 어지럽고 아픕니다. 때로 잠을 못 이룬다고 말씀하시는 어르신들이 많습니다.

아무 죄 없이 당하시는 대통령의 고초를 우리가 감히 어떻게 상상이라도 하겠습니까? 내년이면 예순이 되는 저도 농사일을 해보고서야 대통령께서 겪으시는 그 모든 고난을 어느 정도 짐작하게 되었을 뿐입니다. 하지만 고난의 시간이 지나면 기회주의적이고 비겁하고 부패한 상층부, 정치인들에게 철퇴가 가해질 것입니다. 대통령님의 말씀처럼 '나라를 바로 세우게 되는 역사적인 길'에 반드시 서게 될 것이라 생각합니다.

이번 달에는 고유의 명절이 있어서 대체 휴일까지 닷새를 쉬게 됩니다. 휘영청 보름달이 뜨면 소원을 빌었다는 우리 조상님들처럼 저도 대통령님의 건강을 위해 소원을 빌어 보려고 합니다. 마음으로나마 솔향기 가득한 송편과 추석빔을 올립니다.

2018년 9월 5일 박OO

경상북도 청도군 화양읍 서상리

청도는 예로부터 감으로 유명한 고장이라고 들었습니다. 저는 이팝나무처럼 흐드러지게 피는 꽃을 좋아합니다. 능소화도 흐드러지게 피어 주위를 환하게 만들어줍니다. 배롱나무도 제가 좋아하는 나무고요. 언제 기회가 주어지면 꽃구경을 하고 싶습니다. 우리가 이만큼 살게 되기까지 나라를 지키고 발전시키고자 얼마나 많은 분들이 희생하셨을까요? 은혜를 갚는다는 것은 잊지 않는 것이라고 합니다. 이번 추석에도 보름달이 휘영청 떠오를 것입니다. 가족 분들과 즐거운 명절을 보내시길 바랍니다.

서청대 앞에서 쓴 엽서

낮에는 직장에 다니고 저녁에는 꿈을 이루기 위해 공부하고 있는 스물다섯 살 여성입니다. 오늘 동생하고 엄마하고 같이 서청대에 처음 와봤어요. 이제 종종 오겠습니다. 추석 명절 잘 보내세요. 요즘 날씨가 추워지고 있으니 감기 조심하시고요. 건강 꼭 챙기세요! 항상 응원하고 있습니다. 힘내세요, 대통령님! 사랑합니다.

2018년 9월 22일 김OO

서울

직장 생활과 학업을 병행한다는 것이 보통의 의지로는 힘든데, 참 대단한 분이라는 생각이 듭니다. 혹여 어려움이 닥치더라도 도중에 포기하지 마시고 꼭 계획했던 대로 결실을 거두시기를 기원합니다. 그리고 가족들과 함께 즐겁고 따뜻한 추석 명절 보내시길 바랍니다.

당신을 사랑하는 국민도 있음을

오늘은 추석입니다. 무슨 생각을 하며 하루를 보내셨을지 궁금합니다. 나라가 엉망이 되니 세계사, 철학, 경제, 과학, 언어 등 더 열심히 공부하게 됩니다. 지금 세계 전체가 철학적, 정치적으로 큰 변혁을 겪고 있다고 합니다. 매너리즘에 빠져 진실을 경멸하던 글로벌 PC(Political Correctness) 좌파의 시대가 가고, 자유민주주의와 시장 경제가 주도하는 새로운 진실 추구, 인권의 시대가 열리기 시작한 것입니다. 박근혜 대통령께서 애쓰셨던 북한 주민의 인권 신장의 시대도 도래할 것입니다.

요즘 꿈에 대통령님의 모습이 자주 보입니다. 얼마 전에는 곱게 화장도 하시고 가을 분위기가 도는 정장을 입은 모습으로 환호하는 국민들 앞에 서 계셨습니다. 아름다운 모습으로 여러 사람들에게 일을 지시하기도 하셨습니다. 생각해보면 인생의 모든 일이 일장춘몽이고, 믿을 수 없는 것이 사람 마음이며, 인간의 힘으로 어찌하지 못하는 일들이 역사에 펼쳐집니다. 경험이 일천한 저도 알고 있는데 대통령께서는 훨씬 더 깊이 인식하고 계시겠지요. 그런 세상 모든 일들이 기차 창밖 풍경처럼 빠르게 지나갑니다.

식사를 제대로 못 하셔서 체중이 많이 줄었다고 들었습니다. 대통령님을 존경하는 수많은 국민들을 생각하셔서 건강을 지키셔야 합니다. 저는 평범한 사람이지만 처음부터 마녀사냥임을 알았습니다. 평범하지만 진실을 꿰뚫어 보는 사람들도, 착하고 현명한 국민들도 많다는 점을 꼭 기억해주세요. 좋은 날은 꼭 옵니다. 건강하게 국민 품으로 무사히 돌아오셔야지요. 대통령께 가는 편지들을 교도관들도 다 읽는지 모르겠습니다만, 우리 박근혜 대통령님 식사, 휴식, 운동 잘하실 수 있도록 정중히 부탁드립니다.

2018년 9월 24일 이OO

구치소에서 벌써 두 번의 추석을 보냈습니다. 한 달 뒤에는 아버지 기일이지만, 아무래도 이번에도 아버지 묘소를 찾아뵙지 못할 것 같습니다. 흔히들 인생은 일장춘몽(一場春夢)이라고 합니다. 인간의 힘으로 어찌하지 못하는 일들이 생의 대부분을 차지하고 있지만, 그래도 사람이 할 수 있는 부분도 분명히 있기 때문에 작은 일이라도 열과 성을 다해 충실하다 보면 생각지도 못한 역사가 만들어지기도 할 것입니다. 제가 돌아갈 '품'이 있다는 말씀이 가슴을 따뜻하게 해줍니다. "평범하지만 진실을 볼 수 있는 사람들이 있다."는 말씀이 힘을 줍니다. 감사합니다.

한 달 뒤에는 아버지 기일이지만, 아무래도 이번에도
아버지 묘소를 찾아뵙지 못할 것 같습니다.

겨울 독서의 즐거움

바쁘고 피곤한 일상을 붙들 만큼 아름답던 단풍잎들이 어제 그제 내린 비에 떨어져 산책로와 주차장을 뒤덮었습니다. 이제 하늘 쪽 나뭇가지들은 얼추 잎들을 떨구어낸 듯합니다. 저는 요즘 인문고전 독서를 통해 생각하는 사람이 되자고 주장하는 작가의 책을 읽기 시작했습니다. 책을 읽는 궁극적 목적은 사색이 아니라 행복해지는 것이라고 합니다.

지난달에는 나고야 지역으로 직원들과 출장을 다녀왔습니다. 지하철에서 신문이나 책을 보는 것으로 유명했던 일본인들도 이제는 스마트폰만 보더군요. 활자로 인쇄된 글을 읽는 재미를 자극적인 스마트폰에게 빼앗긴 느낌이라 좀 씁쓸했습니다. 우리나라는 말할 것도 없고요. 그래서 점점 스스로 생각하는 사람들이 줄어드나 봅니다. 저도 쓸데없는 곳에는 돈을 잘 낭비하면서도 정작 책 사는 돈은 아끼게 되네요. 무엇보다 시간을 보내기 위한 인터넷 검색과 미국 드라마 시청만 안 해도 독서 목표량을 달성할 수 있을 텐데. 올해는 절반 정도밖에 미치지 못할 것 같습니다.

기온 변화에 대통령님은 불편한 데 없으신지, 주변이 신경 쓰여 건강치 못함을 드러내지 않고 그냥 참고 지내시는 건 아닌지 걱정이 됩니다. 부디 좋은 계절이 다시 옴을 믿고 건강하시기만을 눈물로 기원합니다.

2018년 11월 10일 OO아빠

운동을 하면 우리 몸의 힘이 커지듯이, 독서는 생각하는 힘을 길러 준다고 합니다. 요즘에는 인터넷이나 스마트폰으로 필요한 자료를 찾아보는 것이 일상화된 시대라서 점점 책을 멀리한다고 합니다. 그래도 님께서는 책을 가까이 하시려는 생각을 갖고 계시는 것 같아 책을 좋아하는 사람으로서 반가웠습니다. 저도 여기서 책을 읽는 것이 생활의 거의 대부분을 차지하고 있어서 그동안 읽지 못했던 인문학 관련 서적과 예술, 환경, 과학 등 여러 분야의 책을 읽고 있습니다. 앞으로도 좋은 책을 많이 읽으시길 바랍니다.

어린 학생들이 대견해 쑥떡을 나눠줬답니다

오늘은 기쁜 날입니다. 이웃을 모시고 집회에 나왔어요. 대통령님을 사랑하고 안타까워하시는 분입니다. 어린 학생들 여섯 명이 태극기를 들고나온 것도 보았습니다. 옹기종기 모여 머리를 맞대고 의견을 나누는 모습이 너무 대견해서 집에서 쪄온 쑥떡을 나눠주고는 많이 칭찬해 주었습니다. 어제는 영등포 롯데백화점 앞에 많은 분이 모이셔서 문재인 퇴진과 박근혜 대통령 석방을 외치며 지나가는 시민들을 설득하는 감동적인 장면도 보았습니다. 밖에서 대통령님을 위해 애쓰시는 국민들이 많습니다. 아무 걱정마시고 건강관리에만 힘써주시기 바랍니다.

2018년 11월 12일 김OO

서울시 강남구 압구정동

'쑥떡'이라는 말이 참 정답게 다가옵니다. 저도 어릴 적 많이 먹었던 기억이 있습니다. 요즈음 아이들은 다양한 먹거리가 있어서 이런 떡을 접할 기회가 많지 않았으리라 생각합니다. 날씨가 제법 쌀쌀합니다. 환절기에 건강 잘 챙기시기를 바랍니다.

북한으로 보낸 귤 200톤

일본 재일 교포를 통해 귤나무를 수입해서 너무나 가난했던 제주도를 가장 잘사는 지역으로 만든 분이 박정희 대통령이십니다. 정부가 그런 귀한 귤 200톤을 북으로 보냈다고 합니다. 이틀 걸리는 시간을 아끼겠다며 군용 비행기에 싣고요. 아무것도 모르는 저의 생각으로는 잘 이해가 되지 않아요. 한 방송을 들었는데 북한 인권은 덮어두고 아웅산 수치 여사 앞에서 미얀마 인권 문제를 얘기했답니다.

대통령님, 너무 죄송합니다. 대통령께서 나라를 위해 일하셨는데, 나라 위해 몸 바쳐 헌신하셨는데 우리는 이렇게 있다니. 인간적이지 못한 사람들과 무식한 사람들이 만들어낸 죄악. 뿌린 대로 거둔다는 성경 말씀이 생각나요. 대통령님 생각하면 잠이 안 와요. 그 환하고 아름다운 미소가 그립습니다. 늦어도 모든 것이 밝혀지는 진실의 시간이 온다고 말씀하셨지요. 그날을 기다려봅니다. 진실의 그 날이 빨리 어서 왔으면 하고 하나님께 기도합니다.

2018년 11월 16일 서O

경상북도 안동시 송현동

편지 감사하게 잘 받았습니다. 몰라서 잘못한 것은 용서를 받을 수 있겠지만, 알면서도 행한 잘못은 그에 합당한 대가를 치르게 되는 것이 자연의 법칙이 아닐까 합니다. 더디게 가겠지만 진실은 반드시 우리 앞에서 참모습을 보이게 될 것입니다. 조금 있으면 겨울이 다가오겠지요. 건강 잘 챙기시고 희망을 잃지 않고 살아가시기를 바랍니다.

태극기 집회에 참석하는 전교조 세대 청년의 깨달음

자유민주주의 대한민국을 사랑하는 20대 청년 정OO입니다. 며칠 전 박근혜 대통령께 편지 쓰는 방법이 소개된 일간지의 기사를 읽고 이렇게 서신을 작성하게 되었습니다.

중고등학교 시절, 간혹 친구들로부터 "저 선생님이 전교조래." 하는 말을 들으면, "전교조가 뭔데?" 하고 되물었던 기억이 납니다. 빨갱이가 무엇인지, 6·25가 남침인지 북침인지, 공산당의 실체가 무엇인지조차 몰랐던 저는 왜곡된 역사 교육을 받고 자란 일명 '전교조 세대'입니다. '종북세력, 친북세력, 민노총, 전교조, 좌파'가 한 묶음임을 깨달은 것도 박근혜 대통령께서 사기 탄핵되고 집권한 좌파 정부가 들어선 이후입니다.

소득주도 성장이라는 타이틀로 정부가 시장에 개입하자 경제는 주저앉고 서민들의 살림은 점점 더 팍팍해지고 있습니다. 머릿속에 북한밖에 없는 지도자가 집권한 이후 나라의 안보는 한없이 무너져가는데도 이슬람 난민까지 빗장 열고 받아준다며 자국민의 안전은 뒷전입니다. 발암물질 덩어리인 태양광 발전을 한답시고 멀쩡한 산림을 훼손하면서 무리하게 탈원전을 추진하고 있는데도, 좌파 정부가 장기집권을 해야 한다는 무식한 소리가 언론과 미디어를 통해 끊임없이 들려옵니다.

이 정부는 희망이 없습니다. 하지만 그들의 실체를 알고 각성한 국민들이 점점 등을 돌리고 있습니다. 여론을 장악하기 쉬운 포털사이트 기사의 댓글들조차 작년과 올해가 다릅니다. 손바닥으로 하늘을 가릴 수 없듯 거짓은 진실을 이길 수 없습니다. 그들의 추악한 위선과 모순된 행동은 반드시 심판받게 될 것입니다.

무덥던 올해 여름, 우파로 전향한 호남 출신 어머니와 함께 광화문 태극기 집회에 처음 나가보았습니다. 뉴스로만 듣던 현장 가운데에 서 있으려니 남녀노소 할 것 없이 어찌나 많은 국민들이 그곳에 모여 있던지, 진실의 힘은 이렇게 크구나 싶었습니다. 언론과 미디어가 지금도 매일같이 프레임을 씌워 가짜 뉴스를 양산하고 있지만 펜앤드마이크, 가로세로연구소 등 깨어 있는 우파 미디어 매체가 큰 목소리로 진실을 외치고 있습니다. 속도는 더디지만 국민들이 진실에 눈을 뜨고 있습니다.

지금 대통령께서 겪고 계시는 고초를 절대 잊지 않겠습니다. 몸 잘 추스르시고, 절대 악의 세력들에게 무너지지 마시기를 부탁드립니다. 대통령께서 하루빨리 석방되어 다시 이 대한민국을 이끌어 주시기를 기도합니다.

2018년 11월 27일 정OO

"손바닥으로 하늘을 가릴 수 없듯이 거짓은 진실을 이길 수 없습니다."라는 말씀이 새삼 크게 다가옵니다. 진실은 더디게 다가오지만 끝내는 올 것이고, 오늘의 시련을 참고 견디어 내면 반드시 밝은 날이 올 것입니다. 비 온 뒤에 땅이 더 굳어지듯이 오늘의 시련을 견디어 내면 우리 대한민국은 더 단단한 나라가 될 것으로 믿습니다.

평범한 삶은 다음 생에서나

박근혜 대통령님, 싸이 일촌 신OO입니다. 어제 서신 작성하면서 곰곰이 생각해보니 대통령님은 정치 입문 후 대한민국을 이끌고 계신 거목임에 틀림이 없으십니다. 유튜브 방송 '뉴스데일리 베스트'에서 설문조사를 했습니다. 응답자의 70% 이상이 석방되셔도 정치를 계속 하셔야 한다고 답했습니다. 이런 소식들을 카톡으로 전하면 '내가 알고 있는 것과는 다르네.' '그렇구나. 그런데 너무 늦지 않았을까?' 하는 반응들이 옵니다. 이제는 대통령님을 국민들이 진지하게 맞을 준비가 되었다는 뜻이기도 합니다. 대통령께서 원하지 않으셔도 어쩔 수 없는 운명입니다. 다음 생에서나 평범한 삶을 꿈꾸셔야 할 듯합니다.

2018년 11월 28일 신OO

"싸이 일촌", 정말 많은 추억을 불러일으키는 단어입니다. 일촌이었다는 인연으로 항상 건강을 걱정해주시고, 여러 소식들을 전해주셔서 고맙습니다. 평범한 삶을 살지 못한 사람은 늘 그런 삶이 그립다고 하지요. 저도 남들과 같은 평범한 삶을 살아오지 못했기에 평범함이 주는 행복감을 느껴보고 싶은 생각이 있습니다. 하지만 이생에서는 이루지 못하겠지요.

저도 남들과 같은 평범한 삶을 살아오지 못했기에 평범함이
주는 행복감을 느껴보고 싶은 생각이 있습니다. 하지만
이생에서는 이루지 못하겠지요.

십자가에 못 박히신 예수님의 고난처럼

저는 38세의 직장 여성입니다. 연애편지가 아닌 편지를 쓰는 건 처음이라 참으로 어색하고 쑥스럽습니다. 왜 진작 이렇게라도 대통령님을 응원할 생각을 못 했는지 참으로 송구한 마음입니다.

탄핵 사건 전에는 정치에 전혀 관심이 없었고 여당, 야당도 구분 못하는 철부지였습니다. 그런 저에게 대통령님을 둘러싸고 일어나는 사건들이 너무 이상하게 보였습니다. 그때부터 정치와 역사를 조금씩 공부하고 있습니다. 수능을 준비할 때도 역사 과목은 열심히 안 했는데 요즘은 참 재미있습니다. 제가 먼저 정리가 되어야 주위의 좌파 친구들을 바른 길로 안내할 수 있을 것 같아서 앞으로도 꾸준히 공부해볼 생각입니다. 지난 추석에는 한자리에 모인 가족, 친지들에게 우파 정신을 열심히 설명하다가 외삼촌과 혈투 같은 논쟁을 벌이느라 힘들었습니다.

불과 2년 전까지만 해도 정치에 관심이 없었기에 사실 대통령님을 지지하지도 부정하지도 않았습니다. 그런데 개성공단 철수를 빠른 시간 안에 단행하시는 걸 보고 그 결단력에 반했습니다. 저는 미혼이라 아직 자식이 없지만, 조카들이 커가는 모습을 보면 앞으로 그들에게 물려줄 대한민국이 걱정되어 잠이 잘 오지 않습니다. 대통령님도 걱정스러운 마음에 얼마나 힘드셨을까요?

저는 주말마다 하늘공원으로 조깅을 갑니다. 집에서 하늘공원까지 가는 길에 박정희 대통령도서관이 있는데 그 앞을 지날 때면 마음이 찡해지면서 경건해집니다. 얼마 전에 보니 엘리베이터 증축 공사를 하는 것 같았습니다. 많은 분들이 찾아주시고 건물 보수도 잘 이루어지고 있는 것 같아 다행이라고 생각했습니다.

지난 대선 때부터 네이버 악플러로 열심히 활동 중입니다. 작년만 해도 '빨갱이냐?'고 물으면 아직도 그런 단어를 쓰는 사람이 있느냐며 비난이 쏟아졌는데, 최근에는 분위기가 많이 바뀐 것 같아 보람을 느낍니다. 국민들의 의식과 민심이 조금씩 변해가는 것이 눈으로 보일 정도이니 대통령께도 조금이나마 위로가 되었으면 좋겠습니다. 저 같은 일개 시민이 감히 대통령님의 석방을 주도할 순 없지만 많은 사람들이 현 상황을 직시하고 깨우칠 수 있도록 제 나름대로 열심히 노력하겠습니다.

지금 대통령께서 겪는 시련은 십자가에 못 박히신 예수님의 고난이 우리를 구원하신 것처럼, 악의 무리를 경험하고 후회하게 함으로써 무지를 벗어나 더욱 단단한 대한민국을 만들어가기 위한 과정이 아닐까 생각합니다. 그러니 부디 지금의 힘든 시간을 잘 이겨내셨으면 하는 마음입니다. 요즘 부쩍 야위셨다고 들었는데 마음이 아파 울었습니다. 식사 잘 챙기시면 좋겠습니다. 춥고 미세먼지가 기승을 부리더라도 낮 시간에는 햇볕을 꼭 쬐어서 골다공증이 오지 않게 관리도 하셔야 하고요. 많은 국민들이 대통령님의 건강을 걱정하고 있습니다.

2018년 11월 30일 이OO

서울시 마포구 상암동

편지를 예전처럼 많이 쓰지 않는 세상이 되다 보니 저에게 보내신 서신들 중에는 오래전에 연애편지 이후 처음 편지를 쓴다는 분들이 종종 있습니다. 또 저의 탄핵 전에는 정치에 전혀 관심이 없었는데 지금은 무엇이 진실인가 열심히 찾아 공부하고 새로운 역사 가치관을 갖게 되었다는 분들도 많았습니다. 저는 재임 중 국민들은 안보, 외교, 경제, 교육 등은 정부에게 맡기고, 각자는 자신이 맡은 생업에 열정을 쏟으면서 보람을 찾도록 해드리는 것이 정부의 할 일이라고 생각했고, 그렇게 함으로써 국민들이 행복한 나라를 만들고 싶었습니다. 시간이 걸릴지라도 우리 국민 모두가 행복한 삶을 누릴 수 있는 시간이 반드시 올 것이라고 믿고 있습니다. 세심히 저의 건강을 챙겨주신 따뜻한 마음을 잊지 않겠습니다. 고맙습니다.

늦었다고 생각할 때가 시작할 때

석연치 않은 탄핵 판결 후 대통령께서 국민들에게 남기신 몇 마디 말씀들이 지금은 뼈아픈 고통으로 남습니다. 너무 멀리 가버린 내 조국 대한민국을 볼 때마다 눈물이 쏟아집니다. 제가 이런데 대통령께서는 얼마나 더 가슴이 아프실까. 하루하루가 그냥 악몽이기를 바랄 때가 많습니다.

저는 지방에서 초등학교를 다녔습니다. 다행히 전교조 교사가 없는 곳이어서 그때 받은 반공교육이 밑거름이 되어 지난 탄핵 사태 때도 쉽게 동요되지 않았습니다. 하지만 중고등학교 시절은 환경이 달랐습니다. 진보를 주장하는 선생님들한테 얼마나 반기를 들어야 했는지 모릅니다. 그들이 학생들의 국가관을 일본의 잔재라는 이유로 하나씩 무너뜨리려 할 때마다 "이것은 아닙니다. 국가를 존속시키기 위한 기본적인 틀을 왜 허물려 하십니까?"라고 따졌다가 엄청 혼이 나기도 했습니다. 그럴 때면 집에 와서 혼자 울분을 삭여야 했습니다. 중학교 이후의 학교생활은 늘 저 혼자 싸워야 했던 시절이었습니다. 하지만 아직 어렸던 저는 그때 끝까지 맞서 싸우지 못했습니다. 너무 힘들어서 끝까지 공부하지 못하고 중간에 학업을 포기했습니다. 대통령께서 왜 전교조를 없애려고 하셨는지, 왜 국사를 다시 써야 한다고 하셨는지 그 이유를 알 것 같습니다. 박정희 대통령께서 그리하셨듯이 박근혜 대통령님도 진정한 개혁가셨습니다.

그런데 이제 와 후회가 됩니다. 제가 남들이 인정할 만한 높은 지위에 있지 못하다는 것이, 제가 좀 더 잘 알아서 진실을 더 잘 설명할 수 없다는 것이 이렇게 안타까울 수가 없습니다. 하지만 '이미 늦었다고 생각할 때가 시작할 때다.'라는 말이 있습니다. 이제라도 대학에 편입해서 지워진 역사를 찾아가는 것이 진정한 나의 사명이라 여기며 공부하려고 합니다. 그것이 지금 차디찬 바닥에서 허리통증을 힘겹게 견디고 계시는 대통령에 대한 제 사랑입니다. 가끔 저는 시를 씁니다. 대통령께서 시를 좋아하신다고 들어서 부족하지만 작은 희망이 되기를 간절히 소망하며 수줍은 고백처럼 동봉합니다.

- 능소화

님이 참 좋아했던 그 꽃을 / 내년 봄 따스한 바람이 / 님에게까지 전해지는 날 심겠습니다 / 썩어가는 고목에도 꽃은 핀다지요 / 다홍빛 핏물이 눈물 맺혀지는 날 / 더더욱 꽃은 활짝 필 것입니다 / 님이 왜 그 꽃을 좋아했는지 / 지금은 알 것도 같습니다 / 푸른 초원일 때 이른 누런 들판이 되고 / 홀로 단신 외로이 붙잡은 가엾은 님아 / 내가 대신 피워 보겠습니다. 꼬오옥 피우겠습니다.

2018년 11월 말 김OO

서울시 구로구 구로동

보내주신 시(詩) 잘 읽었습니다. 능소화의 꽃말이 '여성', '명예'라고 알고 있습니다. 예전에는 양반집 마당에만 심을 수 있어서 '양반꽃'이라고 불리기도 하였습니다. 중고등학교 시절부터 확고한 국가관을 가지고 계셨다는 것을 편지글에서 읽을 수 있었습니다. 원하시는 대로 대학교에 편입하셔서 하고 싶은 공부를 이어가시기를 바랍니다. 그리고 내년 봄에는 님의 말씀처럼 봄날의 따스한 바람이 제게도 전해지기를 기대해 보겠습니다. 추운 겨울을 이겨내는 매화처럼 인내하면서 올겨울의 한기를 견디어 내렵니다. 건강하세요.

이제 당신은 우리가 지키겠습니다

23살 평범한 대학생입니다. 12월 2일 토요일, 거짓 탄핵을 밝히고 박근혜 대통령님을 원래 자리로 되돌리자는 집회가 2시에 있었습니다. 언론에서는 7천 명 규모라고 했지만, 그곳에 있었던 저는 훨씬 더 많은 사람들이 있었다고 확신합니다.

이제야 박근혜 대통령님의 청렴과 진실함을 깨달았습니다. 대통령님의 깊은 뜻을 모르고 자칭 진보라는 정치인들에게 속아 휩쓸리던 '개돼지' 시절과는 다릅니다. 더 일찍 알지 못해 죄송하고 부끄럽습니다. 근거 없는 소문과 비난들에 대통령께서는 얼마나 많은 상처를 받아야만 했을까요. 단지 여성이라는 이유만으로요. 이제라도 진실을 알게 되었으니 반드시 대통령님의 억울함을 풀고 진실을 밝혀 원래의 자리를 되찾으실 수 있도록 하겠습니다.

저희는 나라가 공산화되는 것을 지켜보고만 있지 않을 것입니다. 북한을 통제할 수 있는 사람은 오직 박근혜 대통령님뿐입니다. 이제 당신은 저희가 지키겠습니다. 다시 청와대로 돌아와 대한민국 여성의 롤모델이 되어주십시오. 당신은 대한민국 국민과 모든 여성의 희망입니다.

2018년 12월 2일

부산시 금정구 장전동

"이제 당신은 저희가 지키겠습니다"라는 글을 읽으면서 참 많은 생각이 들었습니다. 지금까지 누군가가 나를 지켜준다는 생각을 해 본 적이 없었습니다. 운명적으로 저의 삶은 이 나라에 바친 것이라고 생각했고 이 나라를 위해 제가 할 수 있는 것이 있다면 어떤 일도 마다하지 않겠다는 생각뿐이었습니다. 이 나라 대한민국은 일부 세력이 폄하할 정도로 부끄러운 나라도 아닙니다. 우리의 선열들이 목숨으로 지켜낸 나라이고, 후손들에게 물려줄 자랑스러운 나라입니다. 나라가 잘못되는 것을 지켜보고만 있지 않을 것이라는 젊은 패기와 굳은 결기가 느껴져서 마음 한편이 든든하였습니다.

경제가 기본이건만

엊그제 첫눈치고는 많은 눈이 내렸습니다. 태극기 애국 국민들은 눈 내리는 거리에서 오늘도 대통령님의 즉각 석방, 무죄 석방을 외치며 싸우고 있습니다. 특히 젊은 여성들이 '달은 지고 혜는 뜬다.'는 피켓을 들고 '박근혜는 청와대로'라는 구호를 외치며 투쟁하고 있습니다. 서울역, 시청 앞, 광화문, 대한문 앞에서 수많은 애국 국민들 가슴을 뭉클하게 하였습니다.

좌파들이 미쳐도 단단히 미쳤습니다. 국가의 기본 틀은 엉망으로 만들어 놓고 이제는 대법원 재판관들과 부역자 양승태 대법원장까지 처단하려 합니다. 그것이 마무리되어야 통진당 부활과 이석기 석방, 전교조 합법화를 추진할 명분이 생길 테니까요. 사회 곳곳에서 완장 찬 홍위병들이 온갖 비리는 다 저지르고 다니면서 가장 도덕적인 체하고 있지만 그 폐단 또한 조만간 적나라하게 드러나서 단죄받을 것입니다. 국제적으로도 김정은 심부름꾼을 자청하며 북한 제재를 해제해 달라고 부탁하고 다니니 어느 나라에서도 인간 취급을 안 하고 있습니다.

요즘 경기는 바닥을 지나 땅속입니다. 모두들 못 살겠다고 난리인데 문재인과 좌파 놈들만 잘되고 있답니다. 지금 세계경기는 3%대로 순탄합니다. 국내 경기도 2.6%대라고 발표하고는 있지만 체감경기는 IMF 때보다 못합니다. 그 사이 미국 연준 금리가 0.25% 인상되어 한국은행도 늦게나마 금리를 인상하였으나 체감금리는 5%대로 형성될 것 같습니다.

국민의 삶은 팍팍한데 이 정부는 김정은에게 목을 매고 있습니다. 하지만 국민의 관심사는 먹고사는 경제가 기본 아니겠습니까. 어렵게 이루어 놓은 한국경제가 브라질, 아르헨티나 또는 베네수엘라처럼 나락으로 떨어질까 우려가 됩니다. 그 오랜 세월 동안 수많은 산업 전사들이 고국과 가족을 뒤로하고 열악한 환경에서 피나는 고생을 감수하며 이룩한 기반을 송두리째 거덜 내고 있습니다. 지난 세월 거짓을 덧칠해온 촛불 세력들에게 현혹되었던 무지몽매한 정치인, 학자, 사회지도층과 더불어 그 농단을 주도한 사람들, 그에 휘둘린 자들은 고통과 대가를 반드시 치러야 할 것입니다.

이 시간에도 대한민국과 세계 곳곳에서 국가를 위해 투쟁하는 애국 국민들의 충정을 살피시어 건강 잘 챙기시기 바랍니다. 다음 소식까지 건강하십시오.

2018년 12월 2일 신OO

서울시 중랑구 중화동

이곳에서도 눈 내리는 것을 보았습니다. 내리는 눈을 보면서 이제 겨울이구나, 하는 생각이 들었습니다. 밖에 있었다면, 눈 내리는 것을 보면서 아름다운 추억을 먼저 떠올렸겠지만, 이곳에서는 바깥보다 추우므로 겨울이 왔구나 하는 생각이 먼저 드는 것입니다. 저는 국민이 별다른 걱정 없이 풍요로운 일상을 살아갈 수 있도록 해주는 것이야말로 정치가 해야 할 가장 기본이라고 생각을 했습니다. 먹고 사는 문제가 해결되지 않고 경제적으로 힘들면 나머지 요란한 구호나 수치로 선전하는 것은 아무런 의미가 없다고 봅니다. 요란한 구호를 외치지 않더라도, 업적을 선전하지 않더라도 오늘보다 내일이 더 희망이 있다면 국민은 지금은 비록 힘들더라도 정부를 믿고 자신의 일상을 살아갈 것입니다. 시작이 있으면 반드시 그 끝이 있기에 희망의 끈을 놓지 마시기를 바랍니다.

대한민국을 지키겠습니다

강북에 사는 55세 이OO입니다. 부모님께서 그러셨듯이 성실하고 정직하게, 한 점 부끄러움 없이 살려고 노력하는 평범한 중년입니다. 임종석이 희한한 학생들과 어울리며 총학생회장을 하던 시절, 남편과 저도 한양대를 다녔습니다. 졸업 후 남편은 삼성전자에 입사하고 저는 공무원으로 일하며 동요하지 않고 살았지요. 이젠 대학에 다니는 아들을 보며 편안히 늙어 가면 되겠구나 했는데 요즘 광화문에 나가 열심히 태극기를 듭니다. 울분을 참을 수가 없습니다.

박근혜 대통령님, 건강하셔야 합니다. 광화문에는 나이 드신 분들이 뜨겁게 정의를 지키고 계십니다. 저도 그분들과 뜻을 모아 돌아가신 부모님의 몫까지 대한민국을 위해 태극기를 들겠습니다. 대통령께서 석방되시는 그날까지 열심히 대한민국을 지키겠습니다. 지치시면 안 됩니다. 얼마 남지 않았습니다!

2018년 12월 7일 이OO

서울시 성북구 안암동2가

많은 분들이 집회에 참석해서 느끼셨던 소회를 편지로 전해주십니다. 언젠가 교포 한 분이 "유튜브를 통해 태극기 물결의 행진을 지켜봤는데, 그 모습을 보면서 장엄함을 느꼈다"라는 내용의 서신을 보내주신 적이 있었고, 또 어떤 분은 훗날 손자가 커서 "나라가 어려울 때 할아버지는 뭐 하셨나?"고 물어보면 "할아버지가 열심히 태극기 집회에 참석했다"라는 말을 당당히 해 주기 위해서 인증사진까지 찍었다라는 글을 보내오신 적도 있었습니다. "광화문에는 나이 드신 분들이 뜨겁게 정의를 지키고 계신다"는 말씀에 가슴이 뭉클해졌습니다.

당신을 보며 저도 힘을 냅니다

1년 전 대통령님의 자서전을 읽고 힘을 얻었는데 최근 다시 읽고 싶어 도서관에 갔더니 책이 사라지고 없었습니다. 일부러 없앤 건 아닐까, 지금의 가짜 정부를 의심해보았습니다. 대통령님을 지지하고 존경하는 저는 2016년, 여성 인권에 대해 처음 관심을 갖게 되었습니다. 특히 스스로의 힘으로 한국 최고의 자리에 오르신 박근혜 대통령님을 보며 마음의 힘을 키워나가고 있었습니다.

그런데 대통령께서 탄핵되시고 부당한 재판을 받는 걸 보며 눈물이 솟고 희망을 잃었습니다. 이 세상에서 문득 길을 잃고 헤매다 보니 자연스럽게 몸에 병이 들었습니다. 만성 아토피성 피부염이 너무 심해서 일상생활도 제대로 하지 못한 지 벌써 3년째입니다. 몸이 아프니 현재에 집중하며 살기보다 과거의 아픔만을 곱씹으며 바닥으로 깊이 가라앉는 자신을 발견했습니다. 하지만 어떤 상황에서도 중심을 잃지 않고 꾸준히 행동하며 나아가시는 대통령님을 보며 저도 계속 발전할 수 있도록 스스로를 다져가려고 합니다.

비정상인 이 세상도 곧 정상적인 사회가 되리라 믿습니다. 자유민주주의를 좀먹으려는 벌레들에게 절대로 주도권을 넘기지 않고 제 인생을 살아가고 싶습니다. 이제 다시 힘을 내서 한발 한발 앞으로 내딛어보려고 합니다. 이 모든 것은 다 대통령님 덕분에 가능한 일입니다. 저도 대통령님 같은 사람이 되고 싶습니다.

여성을 위해 힘써주신 진정한 대통령님, 영원히 사랑하고 축복하고 응원합니다. '간절히 바라면 우주가 돕는다.'는 말을 저도 믿습니다. 우리가 가진 힘을 믿습니다. 대통령님의 존재가 크나큰 힘이 됩니다. 본질을 꿰뚫는 그 통찰력과 흔들리지 않는 신념 그리고 행동하는 의지와 힘. 존재해주셔서 감사합니다. 사랑합니다.

2018년 12월 10일 수O

요즘은 건강을 되찾으셨는지요? "자유민주주의를 좀먹으려는 벌레들"은 우리 사회에서 없어져야 할 그리고 없애야 할 '공공의 적'이겠지요. 지난 건국 이래 우리 대한민국은 많은 시련도 있었고, 고통도 있었지만, 우리 국민들의 지혜와 애국심으로 슬기롭게 극복해 왔습니다. 애국이라는 유전자가 국민들의 마음에 담겨있다고 생각합니다. 편지를 읽으면서 '자유는 절대 거저 주어지는 것이 아니다'라는 말이 생각났습니다. 빠른 회복을 기원합니다.

백척간두에 선 나라

대한민국을 말살시키려는 북의 트로이 목마가 청와대에 입성했습니다. 국민을 선동하자 어리석게도 많은 이가 이에 동조했고 의도대로 되자 안하무인격으로 밀어붙이며 미쳐 날뛰는 꼴이 그들의 최후가 얼마 남지 않았다는 걸 알려줍니다.

해병대 전진구 사령관이 현역 군인으로 이 정부의 잘못된 NLL정책에 반대하는 성명문을 냈지만 언론은 보도하지 않았습니다. 이런 일들이 하나둘이 아닙니다. 미루나무 사건 때 '미친개는 몽둥이가 약이다.'라며 '한국적 민주주의'를 주장하셨던 박정희 대통령의 말씀이 요즈음 너무나도 절실하게 와닿습니다.

저는 하는 일들이 순탄치 않고 힘들게 되었어도 우리나라를 한 번도 원망해본 적 없습니다. 오히려 나의 불찰과 무능함을 탓하였습니다. 건설 일용직으로 일을 하며 최소한의 삶을 유지하면서도 또다시 희망을 가질 수 있는 우리 대한민국을 고맙게 생각해왔습니다. 몸이 아파 그 일마저 할 수 없는 날에도 나라가 있어야 우리가 있고 후손도 있다고 생각하며 살았습니다. 그래서 지금도 서울역 태극기 집회에 나가 우리의 바람을 목청 높여 외치고 있습니다.

박근혜 대통령님! 어려움이 닥쳐도 의연하게 가정을 지키는 어머니들처럼 이 나라의 어머님이신 대통령께서는 백척간두에 선 대한민국이 반듯하게 자리매김할 때까지 저희들의 희망이 되어주셔야 합니다. 밖에서 용감하게 싸우는 애국 지도자들의 등불이 되어주시고 저 거짓의 붉은 무리들이 뿌리째 완전히 박멸되어 다 같이 웃는 그 날까지 힘든 고통과 뼈아픈 모멸을 부디 이겨내 주셔야 합니다. 항상 건강하시길 빌고 또 빕니다.

2018년 12월 21일 신OO

대구시 수성구 만촌동

아무리 힘들어도 나라를 원망해보지 않았다는 말씀, 건설 일용직으로 일하고 계시면서도 이 나라 대한민국을 고맙게 생각했다는 그 말씀이 한 자 한 자 제 가슴에 각인되었습니다. 우리 대한민국은 님과 같은 국민들이 함께 만들고 지켜낸 나라입니다. 사람들의 간절한 소망을 담은 말들이 모이면 강한 울림의 에너지가 되어 그 소망이 이루어진다고들 합니다. 새해에는 님의 간절한 소망이 이루어지기를 기원합니다.

도둑과 살인자는 불구속, 청렴한 분은 구속

오늘은 아침부터 A사 채널을 우연치 않게 보게 되었어요. 이런저런 소식들을 접하면서 다시 한번 느끼게 된 것은 역시 TV는 바보상자라는 것이지요. 뮤지컬 배우라는 사람이 절대 해서는 안 될 3종 세트(무면허, 음주운전, 뺑소니)를 저질렀다고 합니다. 음주운전으로 걸린 것만 벌써 네 번째인데도 불구속 수사래요. 도주 위험이 없다는 게 그 이유랍니다. 저는 그 사람이 또 음주운전을 해서 사람들 많은 곳으로 달려들면 어쩌나 하는 걱정이 앞서던데요. 화도 많이 났습니다. 음주운전, 도둑놈, 살인자들은 불구속으로 수사하면서 아무 죄 없는 분, 도주와는 어울리지도 않는 분을 번갯불에 콩 구워 먹듯 급하게 가둬놓았으니 말입니다.

대통령께서 안 계신 파란색 지붕집 사람들은 서민 울리는 일만 하고 있어요. 어제는 남편의 한숨 소리에 선잠으로 밤을 보냈습니다. 시급이 오르니 공장이 직원을 늘리지 않고 필요할 때만 용역을 부른다고 하더군요. 연장근무도 할 수 없는데 목표량은 맞추어야 하니 정해진 시간 안에 두세 배의 일을 해야 하는 몸과 마음이 지칠 수밖에요.

월급도 대통령께서 계실 때와 다르게 많이 줄였습니다. 참 이상한 계산법이지요? 물가와 세금은 물색없이 오르고 벌어들이는 수입은 세금 내기도 빠듯하니 서민들은 숨을 쉴 수가 없어요. 여기저기서 개인 회생, 파산, 신용회복(프리워크아웃, 개인워크아웃)들을 택하는 이가 늘었어요. 사실 저희도 이미 파산입니다. 예전에는 열심히 일하고 벌어서 갚으면 된다고 생각했고 계산도 나왔거든요. 그러나 수입이 줄어드는 걸 보니 어렵겠다는 생각이 들어요. 전에는 쌀 20kg을 인터넷으로 3만8천 원에 주고 샀었는데 지금은 6만 원이 넘어요. 질 좋은 쌀은 8만 원대를 향해 갑니다. 쌀값이 제일 착하다고 했었는데 북한 퍼주느라 저장고에 쌀이 정말 없는 것이 맞나 봅니다.

안보에 경보등이 울린 지도 오래입니다. 생계로 어렵긴 하지만 구경만 하며 발만 동동 구르다가는 망국을 막을 수 없겠다 싶어 아스팔트로 달려 나온 것이 어느덧 1년이네요. 저희는 대통령님을 내려놓고 갈 수 없습니다. 저희는 대통령께서 하루빨리 이 어수선함을 잡아 주시길 간절히 바라고 있습니다. 저희는 살고 싶습니다.

절대로 쓰러지시면 안 됩니다. 포기도 안 됩니다. 식욕이 없으셔도 잘 드셔야 합니다. 먹는 게 남는 거란 어른들 말씀을 이제야 알겠더군요. 꼭 드십시오. 사랑합니다, 이 나라의 어머니.

2018년 12월 28일 은O

충청북도 충주시 연수동

"먹는 게 남는 것"이라는 말을 이곳에서 실감하고 있습니다. 예전에는 덤덤히 들었던 말인데 이곳에서는 덤덤하지만은 않네요. 편지를 읽으면서 님의 딥딥함과 삶의 무거운 얻개들이 느껴져서 마음이 많이 무거웠습니다. 용기를 잃지 마시고 반드시 좋은 날이 올 것이라는 희망을 가지고 살아가시기를 바랍니다. 새해에는 좋은 일들이 가득하기를 바라겠습니다.

제3장

2019년 희망을 보았다

경계해야 할 무지와 무식

인간이 가장 경계해야 할 해악 중 하나가 무지와 무식인 듯합니다. 특히 똑똑한 듯 싶지만 무지와 교만으로 똘똘 뭉친 판사와 검사 등 '법 조무사'로 추락한 그들이야말로 신성한 공권력을 휘두르며 온갖 폐해를 생산하고 나라와 국민을 망치는 주범이라 생각합니다. 만약 법의 공정함으로 김무성, 김성태, 유승민, 문재인, 박지원, 이해찬, 박원순, 임종석, 홍석현 등등, 정말 언급하기도 역겨운 범죄자들을 법대로 심판했다면 그들이 어찌 감히 얼굴을 들고 활보할 수 있을 것이며 어떻게 이토록 커다란 재앙적 피해를 양산할 수 있었겠습니까. 지금 양승태 전 판사가 검찰 조사를 받고 있다 하는데 저는 그에 대해 정말 손톱만큼의 동정심도 갖고 있지 않습니다. 임기 6년간 법원장을 한 그가 대체 공정한 재판이 이루어지는 데 어떠한 역할을 수행했다는 말입니까!

북핵 문제와 미국과 중국의 대립, 주사파 정권의 패악질이 점점 더 수위를 높여가며 암울한 대한민국의 현재와 미래를 결정하려 하고 있습니다. 그런데도 깨어있는 국민의 수적 열세 때문에 저열한 언론 및 국회와의 대응이 안 되고 있어 안타깝습니다. 최선의 결과가 도출되기를 바랄 뿐입니다. 박근혜 대통령님, 부디 건강하시고 조속히 자유의 몸이 되길 오늘도 두 손 모아 기도드립니다.

2019년 1월 17일 윤OO

충청남도 천안시 동남구 용곡동

「신과 함께」라는 책에 수록되어 있는 '저승에 막 도착한 영혼과 이 영혼을 저승에 데려간 저승차사가 나눈 대화' 중 한 대목이 기억납니다.

"영혼: 세상에서 좀 더 착하게 살 걸 그랬어요.
저승차사: 저승에 온 영혼들에게서 제일 많이 듣는 얘기입니다."

간단한 대화지만, 참으로 많은 생각이 들게 하였고 지나온 삶을 되돌아보게 하였습니다. 생각해보면, 일부의 사람들은 잘못된 행동을 하더라도 이를 합리화시킬 수 있고, 이를 통해 잘못을 덮을 수 있다고 생각하면서 살아가지만, 그들은 훗날 신(神) 앞에 서는 날에는 자신들의 잘못된 행동에 대해 반드시 심판받는다는 사실을 모르는 것 같습니다. 인간의 불행은 여기서부터 시작되는 것이 아닌가 합니다.

월급을 주고 나면 남는 게 없습니다

곧 설날입니다. 따뜻한 명절 전이지만 저 같은 자영업자들은 요즘 너무 힘이 없습니다. 인건비가 너무 올라서 직원들보다 사장이 더 살아가기가 어렵군요. 신입 사원들은 아무 걱정 없이 따박따박 나가는 급여를 받고 있습니다. 그러나 저는 집에 가져갈 수 있는 돈이 너무 적어서 늘 아내에게 미안한 마음만 앞섭니다. 정말 열심히 일하고 있는데 세금도 점점 늘어만 가니 자영업자들은 그저 사업체를 유지만 해도 기적인 것 같습니다. 부디 몸 건강하세요.

2019년 1월 25일

서울시 마포구 대흥동

참 안타까운 마음으로 보내신 글을 읽었습니다. 열심히 일한 만큼 희망이 보이고 보람을 거둘 수 있는 사회가 올 것이라는 희망을 버리지 말고 견디시기를 바랍니다. 많은 분들이 자영업자들이 힘들어 하시고 있다는 편지를 보내주었습니다. 다른 나라 선진국들에 비해 우리나라는 자영업자의 비율이 높기 때문에 자영업자들이 어려움을 겪으면 나라 전체가 어려움에 처할 수 있다는 생각이 듭니다. 용기를 내시고 잘 버티어 주시기를 기도드립니다.

가디언즈 오브 킹혜

저는 열아홉 살 여학생입니다. 저번에 보낸 인터넷 편지가 잘 도착했는지 궁금합니다. 새해 인사차 한 번 더 보냈어야 했는데 마음에 걸려요. 이 편지가 대통령님 생신에 맞춰 도착했으면 합니다.

1월 말이 되면서 더 추워졌는데 건강은 좀 괜찮으신가요? 언제나 건강하시길 빕니다. 몸이 튼튼해야 하잖아요? 대한민국에 밝은 해가 뜬 날, 2월 2일 박근혜 대통령님의 68번째 생신을 축하드립니다! 동봉한 카드에도 썼지만 태어나 주셔서 정말 감사드립니다.

대통령님 덕분에 마음가짐이 달라진 것이 많아서 언제나 감사하는 마음입니다. 요새 정치, 사회, 경제에 관한 뉴스를 볼 때면 아침마다 신문을 보신다던 박근혜 대통령님이 많이 생각납니다(얼른 뵙고 싶네요). 아, 그리고 저번에 박근혜 대통령님을 지지하는 친구들이 많다고 했는데, 더 늘어나는 것 같습니다.

'가디언즈 오브 갤럭시'라는 영화가 있습니다. 우주의 수호자라는 뜻이니까 저는 '가디언즈 오브 킹혜'입니다. 그렇게 생각하면 왠지 즐거워지고 의지가 타오릅니다. 대통령님의 별칭도 지어서 카드 뒷면에 써봤습니다. 마음에 드셨으면 좋겠습니다. 제가 드릴 수 있는 게 편지와 작은 그림뿐이라 마음에 조금 걸리네요. 그래서 이제는 자주 편지하려고 합니다! 시시한 이야기를 종종 넣어도 괜찮겠지요? 바쁘지 않으면 이렇게 손편지로 보내려 합니다. 저의 마음을 전하고 싶어서이니까 부담 갖지 않으셨으면 합니다. 이렇게 편지를 쓰는 것만 해도 제 마음을 다잡을 수 있으니까 원 플러스 원(1+1)이 된 것 같거든요.

박근혜 대통령님의 자서전을 다시 읽으며 새롭게 꿈을 꾸게 되었습니다. 원래는 '적당한' 직업을 목표로 했는데 해보고 싶었던 방향으로 두려워하지 않고 가기로 결심했답니다. 제가 결정하는 데 걸쇠를 당길 수 있도록 도움을 주셔서 감사합니다. 특히 '구름에 잠시 가리웠다고 태양이 없어지거나 그 빛을 한 치라도 잃는 것은 아니다.'라는 대통령님의 일기 한 구절을 읽고 감명 받았습니다. 대통령님을 지켜야겠다는 마음을 굳게 먹었습니다. 영원한 참 대통령님! 몇십 년이 지나도 절대 못 잊을 것 같습니다. 사랑하고 언제나 응원합니다.

2019년 1월 30일 강OO

경기도 시흥시 하중동

OO님이 보내 주신 생일 축하 카드 잘 받았습니다. 고맙습니다. '가디언즈 오브 킹혜'라는 말을 읽으면서 웃음이 났어요. 오히려 제가 지켜드려야 하지 않나? 하는 생각도 잠시 들었고요. 편지에서 "적당한 목표가 아니라 꼭 해보고 싶었던 방향으로 두려워하지 않고 가기로 했다"라는 글을 읽으면서 반드시 그렇게 할 수 있을 것이라고 확신이 들었어요. 누구도 가보지 못한 길, 아무도 가지 않은 길에 대한 두려움이 있지만, 누군가는 그 길을 가고 그래서 세상의 빛이 되기도 하지요. 자신이 꿈꾸는 목표가 있으면 그 과정에서 어떤 힘든 순간이 있더라도 견디고 이겨낼 수 있을 것입니다. 지나온 날보다 앞으로 걸어갈 날이 더 많은 OO님께 자신이 꿈꾸는 목표가 꼭 이루어질 수 있기를 바랄게요.

누구도 가보지 못한 길, 아무도 가지 않은 길에 대한 두려움이 있지만, 누군가는 그 길을 가고 그래서 세상의 빛이 되기도 하지요.

대통령님과 함께 정년을 하고 싶었습니다

대통령님은 극진하게 나라와 국민을 사랑하셨습니다. 건강하고 부강한 자유 대한민국과 세계 속의 당당한 우등 국민을 만들기 위해, 또 절체절명의 국가 안보를 위해 일하셨습니다. 보통 사람은 감당할 수도 없는 바쁜 스케줄을 소화하며 국내와 해외에서 실질적인 큰일들을 이루셨습니다. 품위 있는 외교를 통해 한국의 국격도 고양시키셨음을 잘 알고 있습니다. 국내적으로는 누구도 손대지 못했던 노조, 전교조, 연금문제 등 구조적인 망국적 병소에 수술을 가하여 회복의 발판도 만드셨습니다. 새로운 번영의 자유 대한민국을 완성해 가려 할 즈음이었습니다. 어쩌면 자유민주주의적 통일에 대한 기대까지도 강하게 솟아나던 순간이기도 하였습니다.

부강한 국력을 바탕으로 국가 방위와 안전을 확고히 하고 세계 속의 선진국으로 성장하는 대한민국을 자랑스러워하셨고 기뻐하셨던 대통령님, 당신의 지극하고 진솔한 애국애민의 큰사랑도 너무 잘 알고 있습니다. 그렇다 해도 지금 겪고 계신 고초를 어찌 다 이해할 수 있겠습니까. 더구나 바르고 진솔한 마음으로 신뢰하고 아꼈던 국민들과 일부 공직자들의 배신, 불순하고 추악한 거짓 선동과 공작, 탈법으로 영어(囹圄)의 몸이 되었다고 생각할 때 느끼실 분노와 절망의 크기와 깊이는 감히 상상조차 어려울 것입니다.

그러나 의식 있는 많은 사람들이 때늦은 후회 속에 관심을 갖고 진실을 알아가고 있습니다. 본질에 눈을 뜨고 바른 소리를 내는 역사가 움직이기 시작했습니다. 그동안 잘 몰랐고 국민의 의식 속에 잘못 각인되었던 대한민국의 자랑스러운 역사를 배우고 깨닫는 시간이 되고 있으니 부끄럽고 죄송한 마음이지만 다행이라고 생각합니다. 해방 후 가진 것 없고 혼란스럽기만 했던 사회 현실 속에서 자유 민주국가의 틀과 형식을 갖춘 대한민국을 건국하고, 전쟁의 폐허 위에서 패배의식과 절망감으로 스러져 가던 국민을 희망으로 일으켜주신 분들, 세계사에서 예를 찾기 어려울 만큼 국가 부흥을 크게 이루신 영도자들에 대해서 새롭고 확실하게 인식하는 기회가 되기도 하였습니다.

무엇보다 박근혜 대통령님의 바르고 깨끗함이 적나라하게 드러남으로써 국민들의 가치 기준을 재정립하게 되었고 그동안, 아니 지금도 끊임없이 드러나고 있는 부정한 자들의 무지와 무능력, 거짓과 탈법, 그리고 불순한 사상 등, 그들의 더러운 민낯이 상대적으로 명료하게 부각되고 있습니다. 명과 암, 희와 비, 정과 부정, 참과 거짓, 지혜와 무지, 품격과 천박함을 상대적으로 극명하게 절감하는 시간이기도 합니다. '털어서 먼지 안 나는 사람 없다.'는 짧은 생각으로 저지른 일로 오히려 '털어도 먼지 안 나는 사람이 있다.'는 엄청난 역사를 쓰는 결과가 된 것입니다.

2월 2일은 대통령님의 생신이라 알고 있습니다. 현 상황에서 생신을 축하드린다는 것이 온당한 것인지 조심스럽기도 합니다만, 이 나라 이 민족을 위해서는 태어나주신 것이 너무도 다행이고 축복이라는 생각에 감사와 축하를 전하고 싶습니다. 대통령님의 안위를 늘 염려하며 조속한 무죄 석방과 명예회복을 손꼽아 기다리는 많은 국민들이 기도하고 있다는 것을 생각하시어 대통령께서도 그날을 기뻐하시면 좋겠습니다.

저는 1950년생으로 30여 년을 OO대학 교수로 봉직하다 지난 해 2018년 2월에 정년을 하였습니다. 시쳇말로 범생이처럼 대학병원에서 외길로 무난히 살아온 사람입니다. 정년이 가까워 오면서 2018년 2월, 대통령님과 명예로운 정년을 함께 맞을 것을 내심 보람으로 여기며 기대했었습니다. 그러나 매우 유감스럽게도 저는 원치 않는 사람의 이름이 새겨진 훈장증을 받아야 했습니다. 간절히 바라건대, 본래 저의 소망대로 대통령님으로부터 수여되는 영예로운 훈장을 다시 받을 수 있는 기적이 일어나기를 희망합니다.

진실, 품격, 희망의 대통령님. 찬바람이 불고 땅은 꽁꽁 얼어 춥고 살벌한 이 겨울, 해는 또 바뀌었고 새 달력도 벌써 2월입니다. 직접 나서서 세상을 뒤집고 바꾸지 못하는 답답함을 속으로 삭이며 마음을 지키고 있습니다. 하지만 완전히 불에 탄 시커먼 잿더미 위에 비가 내리면 조금씩 재가 씻겨 사라지면서 병들고 썩어진 것들과 함께 그 속에서 찬연히 빛을 더해가는 귀한 보석들이 드러나는 것을 체험합니다. 광화문 한가운데에서 태극기를 흔들며 대통령님의 환한 모습을 다시 뵐 날을 간절하게 기원합니다. 부디 대통령님의 건강이 진실과 정의, 그리고 온 국민의 사랑의 힘으로 굳건하게 지켜질 수 있기를 간구합니다,

2019년 2월 1일 김OO

서울시 송파구 신천동

보내주신 서신을 여러 번 읽었습니다. 편지를 읽으면서 제가 대통령으로서 꼭 하고 싶었던 일들을 마치 제 마음을 훤히 들여다보신 것처럼 짚어 내주셔서 감탄했습니다. 사람의 진심은 시대와 장소를 떠나 통하는 것 같습니다. 30여 년 동안 많은 세사 분들을 살려내고 인술을 베푸셨을 텐데, '무난히 살아왔다'라는 말씀에서 지금까지 살아오신 삶의 모습이 어떠했는지를 알 수 있었습니다. 요즈음은 '100세 시대를 넘어 120세 시대'라고 한다고 들었습니다. 퇴직 후에도 제2의 인생을 활기차게 시작하시면서 늘 보람이 함께 하시길 기원합니다.

밝은 혜와 함께 깊어진 우리 부부의 금실

세 번째! 대통령님을 꿈에서 뵀습니다. 처음 두 번은 잠시 동안이었지만 이번에는 제법 오랜 시간 대통령님을 뵐 수 있었습니다. 대통령께선 일반 사람들과 다름없는 평상복을 입고 계셨고 지금보다 훨씬 젊으신 모습으로 무척 밝은 표정이셨습니다. 사극 드라마에서 본 것처럼 마치 암행을 나오신 느낌을 받았습니다. 대통령님을 처음 발견한 건 분명 저였는데 웬일인지 대통령께선 제 아내와 마주 앉아서 환히 웃으며 대화를 나누셨고, 저는 약간 떨어져서 지켜보는 상황이었습니다. 물론 가끔은 저에게도 눈길과 기분 좋은 미소를 보내 주셨습니다. 다른 사람들은 대통령님 꿈을 꾸었다면 로또 복권을 산다고 하지만 저는 꿈에서 뵌 것만으로도 로또에 당첨된 기분입니다(사실 로또도 샀습니다. 하하).

대통령님을 가두려고 흑사병처럼 온 세상에 거짓이 창궐하고 주변 모든 사람들이 자신의 의지와 관계없이 좀비처럼 물어뜯으며 대통령님을 비난하던 암흑 같던 때가 생각납니다. 대학교수, 변호사, 언론인 등 사회의 오피니언 리더라던 자들이 하루종일 종편TV에 나와 뻔뻔하게 대통령께 저주를 퍼부었습니다. 식당 같은 곳에서 틀어놓은 텔레비전으로 어쩔 수 없이 그 장면들을 보게 되면 토악질이 쏠려 밥도 먹지 못하던 그때, 주변을 둘러보면 눈깔이 시뻘건 좀비들만 있는 것 같았습니다.

너무 답답해서 그때까지 단 한 번도 정치 얘기를 하지 않던 아내에게 조심스럽게 심정을 털어놓았습니다. "뭔가 이상해. 아무리 생각해도 이건 아니다." 누구보다 진지하게 또 치열하게 삶을 살았던 아내도 그때까지 자신의 정치적 스탠스를 보인 적이 없었습니다. 그런데 제 말을 듣던 아내가 자기도 그렇게 생각한다며 울음을 터뜨렸습니다. 저는 아내의 그런 뜻밖의 모습에서 힘을 얻었습니다. 그때부터 미친 듯이 진실의 고리를 찾으려 인터넷을 뒤졌습니다. 저보다 먼저 진실을 알고 있던 소수의 사람들을 찾아냈고 아내와 함께 태극기 집회에 참석했습니다. 여러 가지 역경을 딛고 태극기 집회가 확장되고는 있지만 아직도 참가자 대부분은 인생을 터득한 노년층이어서 저희들이 평균보다 젊은 편입니다. 그래서 귀여움을 많이 받는 상황이지만 자신들보다 일찍 집회에 참석해온 것을 알고는 어르신들이 깍듯이 선배 대접을 해주시기도 합니다.

저희 부부가 항상 같이 집회에 나오는 것을 보며 사람들은 금슬이 좋아 보인다며 칭찬도 하고 부러워도 하지만 사실 저희는 하루 평균 세 번 정도 부부싸움을 하는 앙숙입니다. 또 격렬히 사랑해서 아이도 셋을 낳았습니다. 큰 아이들 둘은 터울이 고작 9개월일 정도로 숨 가쁘게 사랑했습니다. 사람들은 아이 셋을 둔 것만으로도 저희가 이미 애국자라고 농을 합니다. 그런데 대통령님을 위한 태극기 집회에 참여하면서 부부싸움을 1일 3회 다 채우지 못하게 되었습니다. 다투더라도 집회에 같이 가야 하고 주말이 다가오면 집회에 가져갈 피켓을 같이 제작하느라 싸울 기회가 현저히 줄었습니다. 제가 아이디어를 내면 아내가 포토샵을 잘해서 보기 좋게 표현을 해냅니다.

2019년 새해를 맞아 장엄한 일출 광경 위에 대통령님 사진을 더해 '밝은 혜가 뜬다.'라는 제목의 피켓을 만들었습니다. 집회에 참석한 많은 분들이 칭찬을 해주셨습니다. 유튜브 방송에도 나왔습니다. 저 자신이 너무 자랑스러워서 그 피켓을 저희 안방 창에 붙여놓았습니다. 그래서 매일 아침 햇살이 창에 들면 대통령님의 얼굴이 점차 환해집니다. 저희 집은 그렇게 2019년 내내 '밝은 혜'가 뜨고 있습니다.

25년을 같이 살면서 요즘처럼 아내와 깊은 대화를 많이 한 적이 없습니다. 아내가 더 많이 사랑스러워지면서 모든 것을 아내에게 주고 싶고 모든 면에서 아내에게 져주고 싶습니다. 하지만 대통령님을 향한 사랑만은 제 것이 아내의 그것보다 더 크다고, 그것만큼은 이기고 싶습니다. 그래서 꿈에 대통령께서 아내하고만 마주 앉아 대화하신 것도 대통령님을 누구보다 사랑하는 이 남편을 응원하는 아내를 격려해주신 것이라고 너그럽게(?) 이해하겠습니다. 하하.

아직 첫닭이 울지 않았는지 대통령님을 따르던 이들이 아직도 대통령님을 부정합니다. 두려운 탓이겠지요. 하지만 새벽이 오고 있다는 징후는 여러 곳에서 보입니다. 대통령님 편이라고 제게 손가락질하던 이들이 이제는 미안해합니다. 제 얼굴을 바로 보지 못합니다. 이들이 용기를 내서 그때의 잘못을 고백하고 표현하는 것이 보편화 될 때 여명이 오고 '밝은 혜'가 높이 뜨겠지요.

예전에 본 어떤 TV 드라마에서 주인공이 나쁜 사람들의 음모로 여러 가지 역경을 겪으며 재산은 물론 사랑도 빼앗겼습니다. 드라마가 항상 그렇듯 선이 이기고 주인공은 사랑을 되찾습니다. 마지막 장면은 도심 속 놀이 공간, 화려한 조명을 배경으로 주인공이 부메랑을 던지며 "사랑은 돌아오는 거야." 하고 외치는 것으로 끝을 맺었습니다.

대통령님, 저는 그것처럼 '보수는 돌아오는 거다.'라고 믿습니다. 하나님의 형상을 닮은 피조물로서 인간의 본성을 회복하고자 하는 것이 보수라고 생각합니다. 암흑의 시기처럼 한 시점에 창궐한 욕망의 노예가 된 사람들이 담합하여 부르짖는 것이 정의와 진실이 아니고, 태초부터 지금까지의 인간들이 지속적으로 합의하여 도출한 정의와 진실을 추구하는 것이 보수라고 생각합니다. '그때는 맞고 지금은 틀리다.'며 제멋대로 변하는 정의가 아니고, 그때보다 지금 더 정의로움을 추구하는 것이 보수입니다. 낭떠러지인지도 모르고 아무렇게나 한발 더 다가서는 것이 진보가 아니라, 인간 본성대로 하나님께 한 발 더 다가서는 것이 진보이며 그것이 바로 진정한 보수입니다. 인간은 보수적이어야 하고 보수로 돌아오는 것이 인생입니다. 대통령님은 처음 정치를 시작하셨을 때도 보수였고 지금도 보수이십니다. 그렇게 국민들만 위하셨던 대통령님의 삶을 존경합니다. 대통령님을 따를 것입니다.

대통령님의 생신을 축하드립니다. 대통령님이 계심으로 대한민국 국민은 행복합니다. 박정희 대통령님과 육영수 여사님께 감사드립니다. 오늘 꿈에서 뵌 대통령님, 정말 예쁘셨습니다.

2019년 2월 손OO

경기도 파주시 검산동

"사람들이 자면서 꿈을 꾸는 것은 현실에서 그가 간절히 원하는 것이다"라는 말이 생각납니다. 꿈에서 저를 보았다고 하셨는데 언제일지 모르지만 실제로 만날 날도 있지 않을까? 생각해 봅니다. 이곳에서 두 번째 생일을 보냈습니다. 평소 이곳에서의 일상과 같이 그렇게 보냈습니다. 편지에서 "하루 평균 세 번 정도 부부싸움을 하는 앙숙"이라고 표현해주셨는데 강한 부정은 강한 긍정이라고 생각합니다. 금실이 좋으신 것이 편지글 내내 읽혀져서 저도 오랜만에 웃어보았습니다. 서로 보듬고 아끼면서 부족한 것을 채우며 그렇게 한 생(生)을 살아가는 것이 부부가 아닌가 싶습니다. 앞으로도 오랫동안 두 분이 행복하게 살아가시기를 바랍니다. 덕분에 잠시 방안이 훈훈해졌습니다.

68세 대통령의 생신

"생신 축하드립니다."

오늘은 박근혜 대통령님의 68회 생신날, 대한애국당 서울역 집회를 마치고 서청대 집회에 갔었네요. 박 대통령께서 애국하는 모든 분께 고맙다는 말씀을 전해달라고 하셨다고, 유영하 변호사를 통해 전해 들었어요. 많은 분들이 오셔서 생일 케이크도 함께 자르며 생일 축하 노래와 시 낭송을 했어요. 테너, 바리톤 성악가들과 함께 'Bring him home'과 'You raise me up' 그리고 '선구자' 등을 함께 부르며 의미 있는 시간을 가졌지요.

백척간두의 위기에 빠진 나라를 구하려고 이 땅의 민초들이 매주 토요일마다 태극기를 들고 나온 지 벌써 2년여. 비가 오나 눈이 오나, 칼바람이 부는 혹한에도 뜨거운 아스팔트 위에서도 서울역에서 광화문까지 함께했던 시간들이 헛되지 않았음을 믿어요. 주변의 따가운 시선들이 어느덧 응원과 격려의 눈빛으로 바뀌는 것을 피부로 느끼거든요. 머지않은 날, 역사의 한 페이지를 장식할 거예요. '태극기 애국민들이 옳았다.'고 말이지요.

2019년 2월 11일 김OO

경기도 동두천시 송내동

이곳 서울구치소에서 두 번째 생일을 보냈습니다. 다른 날과 별반 차이 없는 평범한 하루였습니다. 많은 분들이 구치소 밖에서 외치는 소리를 들었습니다. 제가 이곳에 있는 시간이 많이 흘렀음에도 불구하고 한결같이 지지하고 격려해 주시는 님과 같은 국민들의 따뜻한 마음에 힘을 얻습니다. 좋은 모습으로 뵐 날을 기다리겠습니다.

대한민국을 아직도 사랑하시나요?

2012년이었던가요? 선거 전날 부산역에 오셨을 때 거리에서 뵈었습니다. 항상 그 순간을 기억합니다. 벌써 2019년입니다. 저는 하루 중 틈만 나면 현 세상의 아픔을 바라보고 또 분노도 하며 살아가고 있습니다. 그래도 희망이 있다면, 진실을 알리려는 유튜브 방송들이 지난날의 과오와 언론의 폭력을 깨우치는 계기가 되어주고 있다는 것입니다.

자유 대한민국은 늘 위기 속에서 발전하는 모양입니다. 박근혜라는 이름 석 자는 대한민국의 역사에 위대한 영광으로 남을 것을 자신합니다. 대통령님은 이미 알고 계셨지요? 그래서 그 아픔 간직하고 긴 시간 견뎌 오셨던 거지요? 우리들이 그 아픔 나누고 또 치료해드리고 싶습니다. 좋은 약이 있다면 제가 안 먹고 대통령께 보내고 싶은 마음입니다.

저는 두 아이의 아빠로 화장품, 원단, 연마재 등을 러시아에 수출하는 일을 하고 있습니다. 그래서 어딜 가든 대우받으며 팔 것 많은 우리 대한민국의 탄생이 우연이 아니었다는 것을 잘 알고 있습니다. 큰아들, 둘째 아들 모두 대통령님의 재임 기간 중 태어났습니다. 그 행복했던 영광의 시간을 아이들이 크면 잘 설명하겠습니다. 눈물을 거두고 앞으로 나아가겠습니다. 저는 제가 할 일이 무엇인지 잘 알고 있으니까요. 작게는 저 자신과 가족의 안녕, 크게는 그러한 제 성실한 노력이 국가의 발전과 자유 대한민국의 뿌리가 되는 것입니다.

오늘은 3월 10일입니다. 아픈 기억의 역사가 된 날입니다. 대한민국을 아직도 사랑하고 계신가요? 여쭙고 싶습니다. 많은 국민들처럼 원망도 분노도 실망도 깊으시겠지만 "그렇다."고 대답해주세요. 많이 힘드시겠지만, 많이 좌절하셨을 수도 있겠지만 염치없이 부탁드립니다. 건강한 신체와 건강한 마음으로 다시 우리의 곁으로 돌아오시기를.

2019년 3월 10일 구OO

대구시 수성구 범어동

편지를 쓰신 날이 제가 탄핵된 지 꼭 2년이 되는 날이네요. 님께서 물으신 질문에 대한 답을 먼저 해드릴게요. 저는 아직도 대한민국을 사랑하고 있고, 앞으로도 우리 국민들을 사랑할 것입니다. 님의 말씀처럼 우리 대한민국은 늘 위기 속에서 발전해 왔습니다. 슬기롭고 위대한 국민들이 있었기 때문이겠지요. 두 자녀들이 크면 제가 있어서 행복했던 시간들을 잘 설명하셨다는 말씀에 위로를 받습니다.

저는 아직도 대한민국을 사랑하고 있고, 앞으로도 우리 국민들을 사랑할 것입니다.

소설 「대망」을 읽으며

벌써 3월의 마지막 날입니다. 그리고 대통령께서 옥중투쟁을 하신 지 2년째 되는 날입니다. 견디어 주셔서 감사합니다. 저는 33세의 여성입니다. 아무것도 도움 드린 것이 없어 죄송스럽습니다. 하지만 끝까지 대통령님의 진실을 믿고 옥중투쟁을 지지한다는 말씀을 드리고 싶어서 편지를 씁니다.

대통령께서 태극기 집회 사진을 보면 힘이 나신다고 말씀하셨다 들었습니다. 그 말씀을 듣고 정말 많은 분들이 기쁘셨을 것입니다. 저희 어머니와 그 친구분들만 해도 정말 기뻐하셨습니다. 저는 집회에 안 나간 지 좀 되었지만 염치 불고하고 함께 기뻤습니다. 가장 순수하고 정직한 결정체 하나를 본 기분이었습니다. 그 어떤 보상이나 세속적 욕망을 위해서가 아닌, 스스로의 양심을 걸고 묵묵히 걸어온 세월에 대한 보답으로 태극기 시민들이 작은 선물을 받으신 것 같았습니다. 처음부터 지금까지 대통령님을 믿었기에 우리가 힘이 되었다니 감동인 것입니다. 마음이 아프기도 하지만 힘든 와중에도 답을 주신 점에 감사드립니다.

이런 상황과 별개로 세상은 바삐 돌아가고 있습니다. 여러 가지 일들이 동시다발로 터져서 무엇이 내일까지 이어질지 짐작하기도 쉽지 않습니다. 하지만 분명한 것은 모든 게 정상적이지 않다는 것입니다. 정신없이 던져지는 이슈들이 사람들의 눈과 귀를 가리며 혼란스럽게 만들고 있습니다. 그래서 국민들은 정신 나간 사람마냥 여기저기 기웃거리며 하루종일 울고 웃습니다. 정말로 한 치 앞도 보이지 않습니다. 경제는 악화되어 가는데 그 누구도 심각한 줄 모르고 들쥐들처럼 입을 닫고 종말을 향해 졸졸 따라가고 있습니다. 한 가지 알 수 있는 것은 국민들이 위험을 막아낼 능력이 없다는 사실입니다. 안타깝지만 받아들여야만 하는 공포스런 현실입니다.

대통령께서 우리 국민들을 너무 높게 평가하신 것이 실수라고 말하는 사람들이 있습니다. 대통령께서는 어떻게 생각하시는지요. 저는 대통령님의 생각을 알 도리가 없지만, 요즘 우리 국민들을 보면 지도자에게 착하고 선한 마음은 필요 없는 덕목인 것 같이 생각됩니다. 저 역시 평범한 서민으로 살아왔고 앞으로도 그럴 터인데 가끔은 평범한 국민, 약한 서민이라는 말이 가식적으로 느껴집니다. 고민하고 싶지 않거나 잔인한 진실을 마주해야 할 때 '나는 약한 국민'이라는 변명 뒤에 숨어서 쉽고 달콤한 거짓에 취하는 것이 우리 국민들 같습니다.

요즘 일어나는 여러 사건 사고들을 보면서도 모두 자발적 노예가 되어 행복해하는 모습을 보면, 결말이 정해진 것 같아 씁쓸합니다. 돌아가는 분위기나 여론이란 것도 어느 정도 대중들이 자발적 사고가 가능해야 의미가 있는 것인데, 그렇지 못하니 이제는 왜 이 사람들이 변하지 않는지 화도 나지 않습니다. 제 마음을 잘 다스려야겠다고 생각할 뿐입니다.

돌고 돌아 2년이라는 시간이 흘렀단 사실이 잘 믿이지지 않습니다. 어제 있었던 일만 같습니다. 아주 오래전 일인 양 써대는 기자들도 있지만, 대통령님 그리고 그 외 많은 분들은 여전히 힘든 싸움을 하고 계십니다. 나라를 위해 자신의 자리에서 열심히 대통령님을 도우셨던 수많은 분들을 생각하면 정말로 안타깝습니다. 대통령께서는 그분들을 생각하면 정도 많이 드셨을 것이고 그래서 더욱 복잡한 마음이실 것 같습니다. 위로를 드릴 방법은 없지만 너무 자책하거나 죄책감을 느끼지는 마셨으면 좋겠습니다. 소수이지만(절대적 수는 매우 많습니다.) 대통령님과 대통령님의 정책을 지지하고 그 방향을 따르는 국민들도 존재하기 때문입니다. 시간이 지나면 이분들도 꼭 재평가 받을 날이 올 거라 믿습니다.

소설 「대망」을 보면 많은 성주들이 수많은 장수들의 희생에 마음 아파하는 장면이 자주 나오는 걸 보아 작가도 그 점을 꼭 표현하고 싶었던 것 같습니다. 가슴 아픈 운명이지만, 희생이란 반드시 있어야만 하는 필수적 요소인가 봅니다. 대통령님을 따라 「대망」을 읽다 보니 「대망」 이야기를 하고 싶었습니다. 횡설수설했지만 대통령님을 지지하고 응원한다는 말씀을 드리고 싶었습니다. 자랑스러운 태극기 애국 시민들이 항상 대통령님과 함께할 것입니다.

2019년 3월 31일 구OO

주소: 서울시 마포구 도화동

「대망」의 주인공인 도쿠가와 이에야스는 '사람의 일생은 무거운 짐을 지고 먼 길을 가는 것과 같다'고 말하였지요. 많은 성취를 이루었지만 그 과정에서 고뇌와 고통도 극심했다는 것을 짐작하게 하는 말이라 생각을 합니다. 살아가면서 누구에게도 고통스러운 시간이 있고 힘든 날들도 있을 것입니다. 하지만, 그런 힘듦을 이겨내고 나서야 비로소 더 큰 일을 할 수 있는 힘을 얻을 수 있다고 봅니다. 저 역시 어려운 시간들이 이어지지만, 많은 국민들의 위로와 격려에 힘을 얻으면서 이겨내고 있습니다.

주인 없는 나라

저의 최초이자 유일한 대통령, 박근혜 대통령님을 사무치게 그리워하는 30대 여성입니다. 대한민국 역사상 가장 청렴하고 유능한 대통령께서 억울하게 수감되신 후 절망하는 마음으로 잠을 이루지 못한 것이 하루 이틀이 아닙니다. 떼를 써서 국법을 무너뜨리고 연예인처럼 인기로 당선되더니 나라를 밑도 끝도 없이 망치는 재앙을 보는 것이 너무 괴롭습니다. 하지만 억울하게 옥중에 계시는 대통령님을 생각하면 저라도 정신을 바짝 차려서 하루빨리 복권시켜드려야 한다고 마음을 다잡습니다.

사람들은 말합니다. 봄이 가고 봄임을 알았다고. 대통령님이 제게 그러하십니다. 박근혜 대통령께서 재임하셨던 당시 어렸던 저는 아무런 근심도 없이 순진무구하게 밝은 미래를 꿈꿀 수 있었고 병을 치료할 수도 있었습니다. 두려울 것은 없었고 대한민국이 더 나아질 수 있다고 믿었습니다. 어리석었던 저는 그때, 우리나라가 진정한 애국자 한 사람의 희생으로 일궈낸 나라인 것을 몰랐습니다. 그렇게 어리석은 저도 국법을 조롱하며 자기 멋대로 행동하는 이가 잘못된 것은 알고 있었습니다. 분명 알고 있었는데 저는 어째서 당신을 지켜드리지 못한 것일까요. 당신께서는 언제나 국민을 지켜주셨는데 말입니다.

패스트트랙이 날치기로 통과된 날, 북괴가 이제부터 독재할 거라고 예고한 날, 저는 벌을 받았다고 생각했습니다. 진짜 대통령님을 지키지 못한 벌을 말입니다. TV를 틀어보면 폭풍 전 고요처럼 너무도 조용하고 평온합니다. 심지어 불법을 저지른 이들이 저항하는 이들에게 자기 죄를 뒤집어씌웁니다.

경제요? 망한 곳이 더 망하고 더 망할 수도 있다는 사실이 아무렇지 않은 것이 더 아찔합니다. 외교요? 미국이 겨우 목숨 줄 붙여주고 있는데 반미정서를 퍼뜨리고, 토착 왜구라는 북괴 용어를 쓰면서까지 일본을 무시하며 국민들에게 반일 하라고 부추기고 있습니다. 전 세계가 북한을 외면하는데 자유민주주의 대한민국을 북한 김정은에게 바치려고 온갖 애를 씁니다. 대통령께서는 과학적 증거로 중국에게 미세먼지의 책임을 물으셨는데 이 무능한 정권은 중국에게 고개도 못 쳐들고 있습니다.

치안도 계속해서 나빠지고 있습니다. 여자가 죽어도 맞을 만하니 맞았겠다며 무시하거나 시체를 불법 촬영하여 돈을 벌고 있습니다. 가정폭력으로 경찰서에 가도 오히려 2차 가해를 하고 되돌려 보내 죽게 하고 있습니다. 불은 또 왜 이렇게 많이 나는지. 산불이 진화되기도 전에 공단에서 또 불이 났는데 세간은 모른 척합니다. 이런 절망적인 상황에서도 아직 절망할 것이 남았다는 것에 저는 분노를 느낍니다. 간첩들이 공기 중 미세먼지처럼 돌아다녀서 이제 공공장소에서 간첩신고 광고도 볼 수 없게 되었습니다.

저는 우리나라의 마지막 희망이 박근혜 대통령님의 복권뿐이라는 것을 알고 있습니다. 제가 할 수 있는 모든 행동으로 박근혜 대통령님을 복권시킬 것입니다. 아니면 죽을 테니까요.

이곳은 대한민국입니다. 베트남도, 베네수엘라도, 북한은 더더욱 아닙니다. 박근혜 대통령께서 지키려 노력한 자유민주주의 대한민국입니다. 이번엔 저희가 박근혜 대통령님을 지켜서 이어나갈 것입니다. 박근혜 대통령님, 사랑합니다. 그립습니다. 제발 마지막까지 당신의 국민들을 버리지 말아 주십시오.

2019년 5월 1일

저는 단 한 순간도 이 나라를 저버린다고 생각해 본 적이 없었습니다. 앞으로도 없을 것입니다. 저는 국민들이 대통령으로 선택해 주셨기에 제게 주어진 5년의 짧은 시간을 아껴 그동안 품어왔던 생각들을 최선을 다해 실천하겠다고 다짐했었습니다. 하고 싶었던 일이 많았지만, 시간의 한계와 물리적인 한계로 인해 다 할 수가 없어서 그 중요도에 따라 우선순위를 정해 시간을 아껴 이를 해내려고 했습니다. 비록 임기를 채우지 못하고 제가 하고자 했던 것을 중도에 내려놓았지만 저는 대통령으로서의 마지막 날까지 그 무거운 직분을 마다하지 않았습니다. 제가 대통령으로 재임하는 동안 근심 없이 밝은 미래를 꿈꾸고, 나라의 미래에 희망을 갖고 생활하셨다는 님의 편지에 많은 위로를 받았습니다. 감사합니다.

그리움은 아무에게나 생기지 않습니다

목마른 가슴에 한줄기 단비가 내렸습니다. 전 헌법재판소 공보관 배보윤 변호사가 탄핵을 사죄한다며 기자회견하는 모습을 유튜브로 봤습니다. 그는 울먹였습니다. 대통령께 사죄한다며 머리 숙였습니다. 이 또한 거짓의 산이 무너지는 소리지요. 그는 말했습니다. 탄핵은 부당하다고, 그러나 공직자로서 자기 소신을 말하지 못했음을 사죄한다며 울먹였습니다.

국민들은 알고 또 믿고 있습니다. 대통령께서 동전 한 닢도 부정하게 꿀꺽하지 않으셨다는 것을. 대한민국 역사상 가장 청렴하고 부정부패하지 않은 대통령이셨다는 것을. 그래서 연일 노도와 같은 태극 물결이 거리를 메웁니다. 그리움은 아무에게서나 생기지 않습니다.

북녘 땅 '뚱띠'는 미국과 러시아로부터 찬밥 취급을 받고, 눈치코치 없는 것이 완전 배 째라는 식입니다. 하늘은 몹쓸 종자를 응징하려 천벌을 내립니다. 천둥소리가 나기 전에 번갯불은 앞서 번쩍거립니다. 굴렁쇠 소리가 귓전을 때리면 이미 때가 임박했다는 징조입니다.

대통령님은 죄 없으시다는 걸 저들도 잘 알고 있을 겁니다. 그러니 두려운 것입니다. 잘 견디셨습니다. 조금만, 조금만 더 힘을 내십시오. 먹장구름은 해를 잠시 가릴 수는 있을지언정 꽁꽁 붙들어 매지는 못합니다. 구름을 헤집고라도 해가 비칩니다. 아침이, 찬연한 아침이 도래합니다.

이곳저곳 몸 불편한 데가 많아 밤잠도 편히 못 드신다는 소식을 접했을 때, 울컥 가슴이 미어졌습니다. 칼자루를 휘두르며 꿀꺽꿀꺽한 사람들도 곧바로 다 풀려났는데 죄 없는 사람을 잡아 가둔다는 건, 그만큼 두려운 상대라는 것입니다. 그러나 엉킨 실타래를 시간이 한 올 한 올 풀어 놓을 것입니다. 건강 상하지 않도록 유념하소서. 사랑합니다.

2019년 5월 6일 박OO

경북 구미시 선산읍 선상서로

"먹장구름은 해를 잠시 가릴 수는 있을지언정 꽁꽁 붙들어 매지는 못합니다. 구름을 헤집고라도 해가 비칩니다"라는 말씀처럼 시간이 걸리더라도 진실은 반드시 밝혀질 것이고 엉킨 실타래도 한 올 한 올 풀려질 것으로 믿고 있습니다. 대통령으로서 재직 중에 추진했던 여러 정책들을 마무리를 짓지 못한 아쉬운 점도 있고, 한편 조금 부족했던 점도 있지 않았나? 라는 생각도 들지만, 분명하게 말씀드릴 수 있는 것은 사심을 가지고, 누구를 위해 이권을 챙겨주는 그런 추한 일은 한 적이 없습니다. "그리움은 아무에게나 생기지 않는다."는 말씀이 오래 여운을 주었습니다.

진실을 알아버린 97년생의 고백

대통령님의 건강도 걱정되고 응원을 보태고자 편지를 씁니다. 임기 동안 젊은 여성들이 왜 해님을 좋아하지 않는지 많이 고민하셨다는 이야기를 들었습니다. 저는 해님의 당선 시기, 16살 중학생이었습니다. 그리고 18살, 수학여행 당일 세월호 사건이 터지고 수많은 학생들이 처참히 죽어가는 광경을 지켜봐야 했습니다.

당연히 그 사건은 대통령님 탓이 아닙니다. 하지만 그때 저는 어렸고 어리석었습니다. 그렇게 대통령님을 원망하면 안 되는 것이었습니다. 진실을 알아보려 하지도 않았습니다. 저는 그저 눈물을 이용한, 어린 학생들의 죽음을 이용한 그들의 먹잇감이었고 먹혀지고 나면 버려지는 그런 존재였습니다. 해님에 대한 온갖 루머와 음해, 폭력들이 저에겐 당연하게 받아들여졌습니다. 저는 부역자였습니다. 저는 그들의 거짓말에 놀아났고 20세 성인이 되어 투표권을 가지고도 나라를 망하게 하는 일에 참여하면서도 뿌듯하기까지 했습니다. 그 어떤 벌을 받아도 용서받지 못할 짓을 제가 대통령께 저질렀습니다.

저는 97년생입니다. 97년생 모두는 그날을 잊지 못합니다. 하지만 저는 진실을 알아버렸고 노란 리본만 보면 속이 뒤집어지는 상태에 이르렀습니다. 세월호 참사는 하나의 종교가 되고 말았습니다. 저는 제 또래들에게 적폐가 되었습니다. 그런 저의 억울함과 분노는 말로 다 표현할 수 없습니다. 저조차 이런데 당시 해님은 어떠셨을지 제 가슴이 쓰려옵니다. 저는 결국 모든 인간관계를 끊었습니다. 한동안 집에서 은둔생활을 했습니다. 그래도 변하는 건 없었습니다.

집회에 참여했습니다. 2018년 12월 1일, 그날을 잊을 수 없습니다. 젊은 여성들이 하나둘 목소리를 내고 태극기를 들고 행진에 참여했습니다. '박근혜 대통령 무죄 석방'을 함께 외쳤습니다. 눈물이 터져 나와 선글라스로 눈을 가렸습니다. 목이 멨지만 그 먹먹함이 너무도 좋았습니다. 연습도 예고도 없었지만, 전국에서 익명의 여성들이 서울역에 모여 오로지 여성들의 단합력으로 여성 총궐기의 집합을 이루어냈습니다. 대한민국의 진짜 정치인, 국민을 위한 대통령은 박근혜 대통령님뿐이라는 걸 그제야 깨달았습니다.

머릿속이 꽃밭이기만 했던 제 과거가 너무 후회됩니다. 제가 분노한다는 사실에 오늘도 제정신으로 살아 있구나 하고 느낍니다. 제가 편안할 때마다 해님 생각이 나고 해님 사진을 보면 눈물이 납니다. 10대, 20대 여성들이 하나 둘씩 일어나고 있습니다. 그러니 해님은 절대 주저앉으시면 안 됩니다. 해님의 뒤엔 여성들이 든든하게 있습니다. 역사상 가장 위대한 여성을 끌어내린 저조차 대통령님을 지지합니다. 진실은 언젠가 반드시 알려집니다.

철인이 아니지만 대통령님의 진면목을 아는 여성들에게는 본받고 싶은 모델입니다. 대한민국에서 여성이 유리천장을 깨고 고위직에 올라가기가 얼마나 힘든지 모두가 알고 있습니다. 대통령님은 전 세계에서도 주목받기 충분한 사람입니다.

저는 알레르기와 비염으로 어릴 때부터 일상에 많은 지장을 받고 살았습니다. 이젠 식습관과 생활패턴을 바꾸고 건강한 몸을 가져보려 합니다. 해님도 부디 건강하게 꼭 제 자리로 돌아오셔야 합니다. 얼마나 많은 고통을 견뎌내고 계실지 제가 대신 다 가져가고 싶습니다. 부디 많은 여성들이 당신을 지지하고 있단 사실을 알아주세요.

이 편지가 언제 도착할지 모르지만 꼼꼼히 읽어주실 대통령님의 모습을 상상하니 아직 보내지도 않았는데 벌써부터 기쁩니다. 앞으로 더 자주 보내야겠습니다. 소소한 제 일상 이야기도 전하고 싶고, 그렇게라도 해님에게 위로와 힘이 되고 싶습니다.

저는 매주 서울로 올라갑니다. 태극기를 들고 박근혜 대통령님의 무죄 석방과 복권을 외치며 계속해서 자유민주주의를 수호할 것을 이 편지를 보내는 것으로 맹세합니다. 해님의 버팀목이 되어 뜻을 따라 끝까지 함께 가겠습니다. 잠들기 전에 대통령께 편지를 쓰니 너무도 뿌듯하고 좋습니다. 사랑합니다.

2019년 5월 8일 유OO

부산시 사하구 장림동

세월호가 침몰했던 그 날의 상황은 너무도 충격적이라서 지금 다시 당시 상황을 떠올리는 것이 무척 힘듭니다. 그날은 제가 몸이 좋지 않아서 관저에서 관련 보고를 받았습니다. 세월호가 침몰했던 당시의 상황과 관련하여 저에 대한 해괴한 루머와 악의적인 모함들이 있었지만 저는 진실의 힘을 믿었기에 침묵하고 있었습니다. 감추려고 한 것도 없고, 감출 이유도 없습니다. 앞으로 많은 시간이 흐르면 어떤 것이 진실인지 밝혀질 것으로 생각합니다. 저도 20대 때에 알레르기와 비염으로 고생을 많이 했었습니다. 그렇게 체질이 변했던 것은 어머니께서 갑자기 흉탄에 돌아가신 것에 충격을 받은 이후였습니다. 처음에는 포기를 했었는데, 시간이 지나며 자연스레 비염이 없어졌습니다. 아마 님도 곧 회복이 될 것으로 생각합니다. 매주 서울 집회에 참석하신다고 하셨는데 건강도 잘 챙기시길 바랍니다.

한국인들만 모르는 박근혜 대통령의 진가

계절의 여왕 5월도 중순에 접어들었습니다. 며칠 전 뉴스에 대통령께서 병원에 진료받으러 가신다는 짤막한 보도가 있었는데 걱정이 되어 편지를 드립니다. 말로 형용하기조차 힘든 통증과의 싸움이 대통령님을 얼마나 고통스럽게 할지 염려가 큽니다. 그러나 타고나신 불굴의 의지와 초인적인 인내심으로, 어려운 고난을 등대삼아 견뎌내고 계신 것을 저는 압니다. 이 세상 살면서 단 한 명의 친구를 얻는다는 것도 행운이라는데, 어리석게 부화뇌동하는 국민조차 애민하시는 대통령을 얻었다는 것은 얼마나 큰 축복인지요.

2016년 가을, 영국의 데이비드 캐머런 전 총리가 대통령님에 대해 언급한 것을 기억합니다. 그는 "한국의 국민과 정치 현실은 박근혜 대통령을 너무 과소평가한다. 그는 서구의 정치 환경에 맞는 정치인이다. 한국인들이 그것을 깨닫지 못하고 있다."고 일갈했습니다.

요즈음 저는 유튜브 방송을 많이 보게 됩니다. 지상파 방송은 언론노조에 장악되어 진실 보도를 하지 않으니 개인 방송 유튜브 시청률이 폭발적으로 증가하고 있습니다. 어제는 시카고 공항 부근, 많은 사람들이 다니는 길에 대통령님의 석방을 요구하는 광고판이 두 달째 게시되어 있다는 소식을 전했습니다. 미국 내 보수우파 교민단체가 모금 운동을 했다고 합니다. 같은 주장을 담은 빌보드가 L.A에도 있고 뉴욕에도 있답니다. 앞으로 미국 주요 도시에 더 설치할 예정이라고 합니다.

저희가 대통령께서 처하신 상황을 어찌 짐작이나 하겠습니까? 말로 다 못할 배신감과 억울한 감정을 삭이고 계시겠지만 그 어려운 80년대도 견디셨지 않습니까. 그렇게 고통을 감내하시고 마침내 대통령님이 되셨습니다. 그런데 대통령님이 재직하신 동안, 애국심은 없고 자기 정치만 생각하는 정치 모리배들, 국회의원들, 부패 기득권층, 매국노만 곳곳에 가득했으니 얼마나 힘이 드셨을까 싶습니다.

몇 년 전 귀농을 해보니 농사짓는 사람들도 옛날의 농사꾼이 아니었습니다. 열악한 환경도 아닌데 모두가 정부지원금을 욕심내더군요. 나라 곳곳에 만연한 부조리가 심각하다는 것을 절감했습니다. 얼마 전에는 조그만 시골 동네에 주민복지센터를 세운다면서 토지매입비가 상당했습니다. 그 위에 건물을 세우면 막대한 혈세가 또 투입되겠지요. 주민들은 거의 노령에다 인구는 감소하고 있는데 왜 그런 큰 건물이 필요한지 이해가 되지 않습니다. 홍수가 범람할 수도 없는 하천에 폭포수가 흐를 만큼 웅대한 하천사업을 하질 않나. 비가 오면 흐르게 할 수 있는 작은 수로로도 가능한데 말입니다. 전시 행정인지, 선거용인지 이유를 알 수가 없습니다.

매시간 통증에 시달리시는데 제가 너무 상관없는 말씀만 드렸죠? 모쪼록 나오실 때까지 건강하시길 기도드립니다. 사랑하고 존경합니다. 그리고 너무너무 그립습니다.

2019년 5월 14일 박OO

경상북도 청도군 화양읍 서상리

영국 국빈 방문 때 캐머런 총리와 많은 대화를 나누었던 기억이 있습니다. 여왕 주최 만찬에서는 바로 옆자리에서 이야기를 나누었습니다. 특히, 캐머런 총리께서는 제가 영국을 방문한 후 우리나라 대사에게도 각별하셨다고 전해 들었고 국제 사회에서 항상 한국 입장을 지지해주신 분이었습니다. 나라 살림을 맡아서 일하는 공무원들이 국민에 대한 봉사자라는 신념과 애국심이 없으면 전시 행정이나 보여주기식 행정에 혈세를 낭비할 것입니다. 글 내내 나라를 걱정하는 마음을 느낄 수 있었습니다. 아무쪼록 귀농생활을 통해 행복하고 보람찬 일상을 보내시기를 바랍니다.

덕분에 빚을 털고 자유인이 됐습니다

그리운 대통령님. 오늘 광화문에서 만난 어느 분이 대통령께 엽서를 보냈다면서 자기는 죽을 때까지 대통령님의 은혜를 잊지 않겠다고 말했습니다. 대학생 때 정수장학금 4백만 원을 받아 공부했다고요. 그때 제 머리에 '아! 나는 왜 그 말씀을 안 드렸지? 빨리 말씀드려야지.' 하고 떠오른 생각이 있었습니다.

저는 40년 넘게 중소기업에서 직장생활을 했습니다. 상고를 졸업하고 경리 일을 보면서 승진도 하였지요. 제가 다니는 공장은 식용유를 제조하며 군납도 했습니다. 군납 계약에 필요한 서류가 보증보험 증권이었는데 보증인이 필요했습니다. 직장생활 하며 분양받아 부모님이 살고 계신 시골의 조그만 아파트를 담보로 보증했습니다. '국가에 납품하는 건데 설마 무슨 일이 있을까.' 하는 단순한 생각이었습니다. 그런데 IMF가 터지고 그 여파로 회사가 어려워져 1년 계약에 6개월만 납품하고는 그만 부도가 났습니다.

아파트는 압류되어 처분되었고 연체 이자율은 얼마나 높은지 순식간에 5억이 넘는 빚쟁이가 되었습니다. 그런데 대통령께서 집권하실 때 연대보증인(IMF 당시) 구제정책이 생겨서 저는 1,000만 원 조금 넘은 금액을 상환하고 금융 거래에서 비로소 자유로워질 수 있었습니다. 너무나 고맙고 감사한 은혜를 지금에야 보고 드립니다. 항상 사랑하고 존경하고 감사하고 죄송합니다. 건강하셔야 합니다.

2019년 6월 15일 최OO

경기도 안양시 만안구 석수동

재임 중의 정책으로 재기를 하시는 데 도움이 되셨다고 하니 저도 기쁩니다. 저는 요란스럽거나 떠들썩한 정책보다는 실생활에 조금이라도 보탬이 되고 기업들이 자유로운 분위기에서 영업활동을 할 수 있도록 하는 정책에 초점을 맞추었습니다. 그러다 보니 처음에는 잘 느끼지 못하더라도 나중에 보면 그 결실을 볼 수 있는 그런 정책들이 우선순위로 집행되곤 했습니다. 비록 결실을 다 보지 못한 아쉬움이 많이 있지만, 작은 결실이라도 있었다는 이야기를 들으면 보람을 느낍니다.

나라와 국민만 사랑한 대통령

오늘은 아침에 비가 내려서 선선한 바람이 부는 하루입니다. 저는 몇 달 전부터 대통령님을 존경하게 되고 마음으로 따르게 되었지만, 2년 전부터 사기 탄핵임을 알고 지속적으로 '무죄 석방'과 '청와대 복귀'를 외치고 있는 애국자들이 참 대단하다는 생각이 듭니다. 지구상 어느 나라에 이렇게 한 지도자에 대한 열렬한 사랑을 보이는 국민이 있을까요?

지난주 100만 홍콩 시민들이 거리에 나와 '반공 자유화 운동'을 하는 걸 보니 감동이 일더군요. 이틀 후에는 200만이 나왔다고 해요. 홍콩 시민들의 자유를 억압하는 중국 공산당 법안을 철폐하라는 시위였어요.

홍콩 인구가 750만이라니 거의 7분의 1정도가 참여한 어마어마한 규모의 집회였지요.

자유를 위해 남녀노소 가리지 않고 거리로 뛰쳐나와 한 목소리로 '독재 타도'를 외치고 있는 그들의 모습을 보며 우리 대한민국 국민들도 빨리 저래야 하지 않을까, 간절히 염원해 봅니다. 뭐가 좋다고 북한 공산주의를 신봉하며 자유 대한민국의 모든 걸 파괴하고 있는지, 그런 주사파 집단을 보면 정말 이해가 안 됩니다. 사상이 뭐길래 저럴까, 하는 탄식이 절로 나옵니다.

홍콩 사람들은 자유 수호라는 하나의 목적을 위해 두려움도 없이 시위를 하고 있는데 우리나라 국민들은 좌우로 나뉘어 싸우고 있으니 답답하기만 합니다. 지금 모두 힘을 합쳐 싸워야 하는데 구심점이 될 만한 인물이 없다는 게 대한민국 국민들의 불행이란 생각이 듭니다. 정치인들은 다들 오염이 되어 자신의 배지만 위해 투쟁할 뿐, 대한민국과 국민을 생각하지 않습니다. 오로지 박근혜 대통령님만이 대한민국과 국민을 사랑하신다는 걸 믿게 되었습니다.

지난달 박정희 대통령과 육영수 여사의 묘역에 많은 쇠말뚝이 박혀 있다고 말씀드렸는데 아직까지 이 문제를 시원하게 해결할 정당 하나 나오지 않는 현실에 분노가 일어나서 답답하기만 합니다. '갈매기 여사'라는 분이 4개월 전 쇠말뚝 열 개를 조원진 대표한테, 열 개를 현충원 측에 갖다 줬는데도 다들 모르쇠하고 있다가 몇몇 유튜버에 의해 공론화가 되자 이제야 다들 알아보겠다고 말했답니다.

어제까지 현충원 측에서 1,600개를 뽑았다고 책임자가 말했습니다. 그 외 유튜버나 갈매기 여사가 뽑은 걸 합하면 현재 1,700개 정도가 나온 거네요. 두 분 유골에 쇠 독물이 들어갔다면, 국민 된 도리로 너무 죄송하고 마음이 아파 눈물이 났습니다. 은혜를 모르는 국민들, 빨간 사상에 물든 간첩들에게 천벌이 내리지 않을까 생각해봅니다. 이런 가슴 아픈 소식 알려드려 너무 죄송합니다. 박정희 대통령께서 지켜보시는 자유 대한민국이 더 이상 망가지지 않기를 바랄 뿐입니다.

저는 개인적으로 정치의 '정'자도 모르는 사람이기에 오로지 대통령님의 건강이 가장 큰 관심사입니다. 얼마 전 유튜브에서 대통령께서 위독하시다는 말이 떠돌아서 가슴이 얼마나 철렁 내려앉았는지 모릅니다. 하지만 아니라고, 며칠 전 운동도 하셨다는 말을 듣고서야 진정을 했습니다. 힘드시겠지만 지금 겪으시는 고통이 덕이 되어 돌아올 거라고 긍정적인 마음을 가지시길 바랍니다. 대통령님을 사랑하고 존경합니다.

2019년 6월 18일 김OO

경기도 성남시 분당구 구미동

영화 '노팅힐'을 본 적이 있습니다. 유명 여배우와 평범한 서점 주인인 남자와의 로맨스를 그린 영화이지요. 저는 이 영화에서 자유 사회의 위대함을 담고 있는 런던 거리의 모습과 자유로운 런던 시민들의 일상생활을 보았습니다. 물론 "유명 배우라 할지라도 사랑받길 원하는 여자일 뿐이다"라는 유명한 대사도 기억하고 있습니다. 흔히 우리는 정말로 소중한 것들에 대한 가치를 평소에는 무심하게 대하는 경우가 많습니다. 우리가 숨 쉴 수 있는 공기가 얼마나 소중한지 평소에는 잘 알지 못하고 당연히 우리 곁에 있는 것처럼 느끼지만,

산소가 희박한 수천 미터 높이의 고산을 등반할 때나, 물속에서 숨을 쉬기가 곤란할 때에는 평소 느끼지 못했던 공기의 소중함을 뼈저리게 느끼게 되지요. 지금 겪고 있는 이 고통스러운 날들이 훗날 덕이 되어 돌아올 거라는 긍정적인 마음으로 건강을 잘 챙기겠습니다.

거짓말만 하면 입에서 악취가 난다는데

어릴 때 저는 책벌레였습니다. 밖에서 친구들과 뛰어노는 것보다 앉아서 책 읽는 게 좋았습니다. 동화 속 주인공처럼 바르고 곱게, 정의롭게 살아야 한다고 생각했고 실천하려고 애썼죠. 어느 동화에 마음씨가 고와 늘 고운 말을 쓰는 아가씨의 입에선 향기롭고 아름다운 것들이 쏟아져 나왔고, 늘 악담과 욕설을 입에 담는 마음씨 고약한 아가씨 입에선 악취가 나는 흉측한 것들이 쏟아져 나왔다는 내용이 있었습니다. 어린 마음에 이 내용이 머리에 박혀 '욕'을 입에 담지 않고 살아왔죠. 욕하는 사람을 혐오했습니다. 그런데 요즘 그 오랜 생각을 깼습니다. 그럴듯하고 점잖게 말하는 사기꾼들은 너무나 많고, 그 가식에 진절머리가 납니다.

그간 우리 우파가 왜 자꾸 밀리고 힘을 잃어왔는가 생각해봅니다. 스스로 도덕과 교양의 덫에 걸려서, 좌익 세력의 프레임에 갇혀서 헤어 나오질 못하더군요. 국민은 생각보다 이성적이지 못합니다. 앞뒤 좌우 살펴서 생각하고 판단하지 않습니다. 언론 매체가 전부를 보여주지도 않습니다. 그래서 자꾸 속고 선동됩니다. 국민 대중에게 각인되는 선명하고 단순한 이미지와 프레임, 그게 정말 중요하다고 느낍니다. 설명을 길게 하려는 순간, 이미 게임은 끝난 거죠.

세상에서 언행일치하는 사람을 그리 많이 보지 못했습니다. 아까 말씀드린 동화처럼 아름다운 언행을 보이신 분이 저는 박근혜 대통령님이라 생각합니다. 답답할 만큼 앞뒤가 똑같으신 분이잖아요.

거짓과 진실이 뒤바뀌고 가해자와 피해자가 뒤바뀌고, 대중을 속이는 자들, 내용보다 표현 방식에 집착하는 사람들, 듣고 싶은 말에 홀려 똥인지 된장인지 구분조차 하려 하지 않는 사람들, 이런 자들을 선동하고 이용하는 자들이 만연한 지금의 대한민국에서 저 또한 너무 혼란스러워 숨이 막힐 지경입니다.

몇 달 전 어느 유튜브 방송에서 민간 차원의 한미동맹 강화와 미국에 대한 감사의 의미로 '행운의 2달러' 운동을 벌였습니다. 정치권을 기웃거리는 분들이 아닌, 순수하게 자유 대한민국을 지키고자 하는 분들의 방송이에요. 몇 천 명 정도가 아주 기쁜 마음으로 동참해 주셨고, 그것을 미국의 한국 참전용사 단체에 전달했습니다. 고령이신 분들이 한국전 참전을 자랑스러워하시는 모습을 보니 우리의 아버지, 할아버지들이 생각나서 눈물이 났습니다. 이런 분들이 계셨기에 우리가 수십 년 동안 자유로운 세상에서 살게 됐다는 걸 다시금 상기하게 된 뜻깊은 일이었어요. 북한 인권 운동가와도 인터뷰를 가졌는데 대통령님에 대한 인권탄압 상황도 잘 주시하고 있더라고요. 이런 작은 움직임들이 대한민국을 적화세력으로부터 지켜내는 데 한몫을 하리라 믿고 싶습니다.

저는 정치인들을 믿지 않습니다. 제 생각에 대통령님도 그러셨을 것 같아요. 요즘 심심치 않게 대통령님이 누구누구에게 힘을 실어줬다는 등의 언급이 나오는데 저는 대통령께서 그러셨을 리 없다고 생각합니다. 너무나도 신중하신 분이니까요. 아닐 수도 있을까요? 당신을 이용하려는 세력들로만 보여서 자꾸 의심이 들어요.

재임 중이실 때, 저는 대통령께서 늘 긴장하고 경계하고 꼿꼿하게 사시는 것 같아 안타까웠어요. 기회 되시면 충청도 저희 집에 친구 방문하듯이 오셔서 소파에 발도 뻗고, 소소한 일상 이야기도 하면서 스트레스를 푸는 시간 갖는 걸 상상하곤 했어요. 없는 솜씨지만 집밥도 맛나게 지어서 아무 사심 없이 대접해 드리고 싶었습니다. 꼭 그런 날이 오기를 지금도 바라고 있습니다.

2019년 6월 19일 이OO

충청도

"답답할 만큼 앞뒤가 똑같으신 분이잖아요"라는 말씀이 머릿속에서 맴돌았습니다. 저는 어릴 적부터 앞에서 한 말과 뒤에서 행동이 같아야 한다는 가르침을 받았고, 저 자신도 그렇게 행동하려고 노력을 했습니다. 사람이 사람의 말을 믿지 못하면 그 순간부터 이 사회에서는 질서와 원칙이 무너지고 말겠지요. 흔히 언행일치라고 하잖아요? 서로서로 믿을 수 있고, 말에 책임을 지는 그런 사회가 된다면 지금보다 세상은 오히려 더 밝아지고 행복해지리라 생각을 합니다. 아직도 저는, 서로서로 믿을 수 있는 신뢰 사회를 꿈꾸고 있고, 그런 사회가 오면 우리가 모두 편안함을 느끼면서 평화로운 선진국으로 나갈 수 있다고 믿고 있습니다. 한 국가의 성공 여부, 한 인생의 성공 여부도 궁극적으로는 다른 국가나 다른 사람으로부터 신뢰를 얻을 수 있냐로 판가름 나지 않을까요? 대통령으로 해외 순방을 다닐 때, 6·25전쟁 당시 우리를 돕기 위해 참전한 나라를 방문했을 때는 반드시 생존해 계시는 참전용사들을 만나 뵙고 그분들이 우리 대한민국을 위해 싸우신 헌신과 희생에 대해 대한민국 국민을 대표해서 감사 인사를 드렸습니다. 그 당시 한 참전용사에게 "우리 대한민국 국민에게 전하고 싶은 말씀이 있나요?"라고 질문을 드린 적이 있었는데, 그때 그분이 제게 "우리를 잊지 말아 달라고…."라고 하셔서 제가 "절대로 잊지 않겠다"고 답변을 드린 기억이 납니다.

끝으로 "없는 솜씨지만 집밥도 맛나게 지어서 아무 사심 없이 대접해 드리고 싶었습니다. 꼭 그런 날이 오기를 지금도 바라고 있습니다"라고 초대해 주셨는데 감사히 받겠습니다. 다가올 여름 무더위에 건강 잘 챙기시길 바랍니다.

어리석음을 사죄드립니다

저는 서울에 사는 33세 청년입니다. 과거 대통령님의 탄핵을 기뻐했던 어리석은 국민이었습니다. 가짜 뉴스와 그들의 거짓 선동에 휘말려 옳고 그름을 판단하지 못하고 여론에 휩쓸렸습니다. 그것이 정의인 줄 알았습니다. 민주노총이 장악한 언론에서 보도하는 대통령에 대한 조롱을 보며 웃었던 그런 젊은이였습니다.

어느 순간 의구심이 들었습니다. 무엇인가 잘못됐구나 하고요. 그래서 언론이 아닌 다른 데서 진실을 찾아보기 위해 노력했습니다. 많은 자료들을 통해 TV에서 봤던 선동이 모두 거짓이었다는 것을 깨닫게 되었습니다. 저뿐만 아니라 많은 젊은 청년들이 과거의 생각을 후회하며 살아가고 있습니다.

정말 죄송합니다. 이 말씀을 꼭 전해드리고 싶어서 서신 보냅니다. 하지만 저를 비롯한 많은 청년들이 이제는 박근혜 대통령님을 기다리고 있습니다. 남녀노소 구분하지 않으시고 어머니의 마음으로 국민을 품에 안아 주셨던 박근혜 대통령님을 기다리고 있습니다. 현재 몸이 많이 안 좋으시다는 말을 전해 들었습니다. 긴강하고 당당한 박근혜 대통령님의 모습을 꼭 다시 보고 싶습니다. 과거 저의 어리석었던 과오에 대해 진심으로 다시 한번 사죄드립니다.

2019년 6월 25일 송OO

쉽지 않았을 글을 보내 주셔서 감사합니다. 누구나 실수를 할 수 있고 잘못된 판단을 할 수 있지만 그러한 실수나 잘못을 인정하는 용기는 아무나 가지지 못한다고 봅니다. 제가 제일 안타깝게 생각하는 것은 청년 세대를 위해 꼭 이루고 싶었던, 그리고 추진 중이었던 정책과 계획들을 마무리하지 못하고 중도에 그만두었던 점입니다. 앞으로 청년들에게는 무한한 길이 열려있다고 봅니다. 용기를 잃지 마시고 당당하게 살아가시기를 바랍니다.

바보야, 문제는 경제야

박정희 대통령께서 재임 시절 수출장려 정책을 펼치셨는데, 당시 저는 중소기업체로는 제법 규모 있게 수출을 했던 모 기업의 제2 공장장으로 재직하고 있었습니다. 그런데 1973년 11월 30일, 우리 회사가 수출 장려상을 받게 되어 대통령으로부터 상장을 직접 받았습니다. 수출장려 차원에서 주는 상이니 공장장인 제가 받아야 한다며 사장님께서 지시하셔서 자랑스러운 그 자리에 설 수 있었던 것입니다.

요즘 뉴스를 보니 수출은 마이너스이고 외화 보유액도 줄었답니다. 저의 생각입니다만, 기업들 목을 비틀어 조르니 누가 투자를 하겠습니까. 박정희 대통령께서는 여러 곳에 공단을 조성, 중소기업들을 입주시키고 기업을 독려하여 남녀노소 불문하고 취업할 기회를 넓혀주셨습니다. 그런데 지금 정부가 하는 꼬락서니는 예산을 풀어 일자리를 만드는 것입니다. 일자리 65%가 65세 이상의 공공 근로 취업으로 단순 취업자들이랍니다. 민간 기업에서 만들어야 양질의 일자리가 발생하고 젊은 사람들의 취업이 잘 되는 것인데 걱정입니다.

제 후배 한 명이 금속 제조업을 경영하다가 일 년 전에 폐업했습니다. 탈원전 정책 때문에 두산 중공업에서 외주 발주가 사라져 1, 2, 3차까지 일거리가 없어 도저히 견딜 수가 없었답니다. 부산, 창원, 경남 일대는 두산 중공업에서 나오는 물량으로 가동되는 곳이 제법 많았습니다. 조선업도 마찬가지였지요. 클린턴 전 미국 대통령의 말대로 '바보야, 문제는 경제야.'라고 말해주고 싶은데 현 정부는 그것을 알고 있는지 답답합니다.

얼마 전 외래 진료를 받은 것으로 알고 있습니다만, 좀 어떠하신지요. 아무쪼록 건강을 잘 챙기시기 바랍니다.

2019년 6월 26일 전OO

부산시 동래구 낙민동

저는 우리나라가 처음으로 수출 1억 달러를 달성한 1964년 11월 30일을 기념하여 이 날을 '수출의 날'로 지정한 것으로 기억하는데, 그 후 1977년엔 수출 100억 불 달성하였지요. 그리고 제가 대통령으로 있던 2015년에는 수출액이 세계 랭킹 6위에 올랐던 것으로 기억하고 있습니다. 아무것도 없었던 나라에서 오늘날의 번영을 이룬 우리 대한민국의 국민들은 참으로 대단하고 위대한 국민이라고 생각합니다. 사실 100억 불을 달성하기 전에 당시 시중에는 '수출 100억 불 달성, 1인당 국민소득 1,000불 달성, 마이카 시대의 도래'는 3대 우스갯소리라는 일부의 조롱도 있었던 것으로 기억되는데, 이러한 상황에서 모든 어려움을 극복하고 현장에서 직접 뛰면서 우리나라의 발전을 견인하신 분이니 지금의 우리의 발전된 모습이 얼마나 감회가 깊고 뿌듯하시겠습니까? 무엇보다도 수출장려 차원에서 주는 상이니 공장장인 분이 받도록 지시하신 그 중소기업 사장님의 배려가 인상 깊었습니다.

대통령님을 떠오르게 하는 팝송, 애니의 노래

저는 서울에 살고 있는 33세 여성입니다. 저번 주 태극기 집회에는 한 유튜브 방송의 진행자가 참석했습니다. 그는 사석에서 만난 어느 가수가 대통령님을 생각하면 떠오르는 노래가 있다며 즉석에서 부른 곡을 녹음해왔습니다. 그 가수는 홍서범 씨였는데 태극기 집회에서 틀어도 된다고 했다며 녹음한 곡을 들려주었습니다. 존 덴버(John Denver)의 애니 송(Annie's Song)이었습니다.

존 덴버라는 가수를 저는 잘 몰랐습니다. 찾아보니 제 귀에도 익은 'Take Me Home, Country Road'라는 곡을 불렀던 가수더군요. '애니 송' 가사도 참 좋아서 대통령님 모습을 상상하며 들으니 더 좋았습니다. 미국도 그렇지만 대중문화쪽 사람들이 우파인 경우가 드물기도 하고, 좌파들처럼 자신의 생각을 밝히지도 않아서 우리 태극기 시민들은 위로받을 기회가 거의 없습니다. 상관하지 않으려 해도 자신들이 나서서 좌파적 발언을 서슴없이 하는 걸 보면 우리 같은 사람은 무시하는 것 같아 쓸쓸합니다.

가끔은 노래나 영화 같은 것이 큰 위로가 되는데 공중파에서는 우리를 위한 방송은 찾아볼 수 없습니다. 그래도 유튜브 방송들이 있어서 다행입니다. 유튜브 채널은 그 무한한 확장성 때문에 대안 언론의 영역을 넘어 주류 언론을 위협할 것 같습니다. 가로세로연구소 방송의 속마음은 모르겠지만 태극기 집회와 대통령님 관련 내용을 자주 방송해주는 덕에 구독자도 많아지는 것 같습니다. 국민과 대중이 원하는 이슈를 방송하는 것이 대세임을 증명하고 있습니다. 너무 더워 걱정스럽습니다. 대통령님, 부디 건강하시기를 기도하겠습니다.

2019년 7월 7일 구OO

서울시 마포구 도화동

존 덴버의 '애니송'은 저도 좋아하는 노래입니다. 'You fill up my senses(당신은 나의 감성을 가득 채우죠)'로 시작하지요? 지난 몇 년 사이에 많은 유튜브 방송이 생겨났다고 듣고 있습니다. 어떤 매체이든 진실을 추구하면 발전이 있지만, 거짓과 선동을 일삼으면 반드시 퇴출이 된다고 생각합니다. 더위에 건강하시길 바랍니다.

과거만 붙잡고 남 탓만 하다가

초복이 지난 한여름, 불편한 구치소에서 허리 통증을 안고 어찌 지내시는지 걱정스러워 안부 여쭙니다. 요즘 바깥세상은 강제징용 피해 보상 문제로 한일 간 안보, 경제가 위태롭습니다. 이 소용돌이 속에서 많은 국민이 나라 걱정을 하고 있습니다.

몇 번의 경고 메시지를 한국 정부가 못 들은 척하니 일본이 경제 제재를 시작했습니다. 반도체 사업에서 없어서는 안 될 재료의 수입 절차를 간소화해주던 '화이트 국가 리스트'에서 우리나라를 제외시킨다고 발표한 것입니다. 그렇게 되면 오랫동안 보관하기 힘든 성질 탓에 재고가 많지 않은 반도체 산업에는 차질이 생길 수밖에 없어 그 피해가 엄청날 것이라고 합니다. 정부에서 해결해가는 모습이 미덥지 못하니까 이재용 삼성 부회장이 일본으로 건너가 문제를 해결하고자 애쓰고 온 것 같습니다.

1965년, 아버님이신 박정희 대통령께서 한일협정을 맺었을 때 저는 중, 고등학교를 다니고 있었습니다. 당시 한일협정 반대 시위도 많이 보았던 기억이 납니다. 유튜브 방송을 보니 그때 받은 3억 불의 보상금이 한강의 기적을 일으킬 수 있는 마중물이 되었던 것이라고 했습니다.

"일본 국민들에게 밝혀둘 말이 있다. 우리와 그대들 간의 불행한 과거를 청산하고 손을 잡게 된 것은 다행이다. 과거 일본의 죄과가 오늘의 일본 국민에게 있다고는 생각하지 않는다. 그러나 국교 정상화의 이 순간에 오래된 원한 관계를 억지로 누르고 침통하고 착잡한 심정으로 다시 손을 잡고 있는 한국인의 심정을 단순하게 보아 넘기거나 소홀히 해서는 안 된다. 일본은 역시 믿을 수 없는 국민이라는 감정이 우리 국민들 가슴에 다시 싹트면 이번에 체결된 협정은 아무런 의미가 없다는 것을 명심하기 바란다."

한일협정 당시 박정희 대통령께서는 일본 국민들에게 이렇게 말씀하셨다고 합니다. 저는 이 내용을 서너 번 반복해 들으며 국민의 마음을 대변하시는 그 뜻이 지금도 고스란히 전해진다고 생각했습니다.

2019년 7월 18일 김OO

경기도 용인시 수지구 성북동

'모든 시대는 신(神) 앞에 홀로 선다.'는 말이 있듯이 모든 지도자도 끝내는 역사를 관장하는 신 앞에 홀로 서게 된다고 생각합니다. 1965년 당시 한일국교 정상화를 위한 한일기본조약은 우리나라의 발전을 위해서는 올바른 방향이었지만 이에 대한 반대도 무척 심했던 것으로 기억하고 있습니다. 아버지께서도 많은 반대가 있다는 것을 알고 계셨지만, 일본과의 국교 정상화를 통해 일본 강점기에 대한 배상을 받아내고 이를 마중물로 하여 경제를 발전시켜 5,000년 동안 벗어나지 못한 가난을 극복하겠다는 굳은 신념으로 이를 추진하셨습니다. 저는 국가의 지도자는 국민의 다수가 반대하고 그로 인해 비록 정권을 잃게 된다고 하더라도 나라의 장래를 위해 반드시 해야만 될 일이라고 판단이 되면 해야 한다고 생각합니다. 그 옳고 그름에 대한 평가는 훗날 역사가 할 것입니다.

광주 출신 20대 여대생의 편지

저는 고등학교 때까지 광주광역시에서 계속 지내다가 20살이 되어서 서울로 올라오게 된 학생입니다. 고등학생 때까지만 해도 정치에 대한 지식이 많이 없었기 때문에, 단순히 주위 어른들의 말만 듣고 그분들의 의견에 동조하게 될 때가 많았습니다. 특히나 광주에는 민주당을 지지하는 사람들이 많지요. 당시에는 그것이 좋은 것이라고만 생각했습니다. 흔히 '진보는 선, 보수는 악이다.'라고 말하는 것처럼요. 보수를 지지하는 사람들을 나쁘게만 생각했습니다. 보수를 지지하시는 분들이 왜 보수를 지지하는지 알려고 하지 않고 '나는 착한 학생이기 때문에 선한 진보를 지지 해야지.'라고만 단순히 생각해왔습니다.

하지만 서울에 올라와 대학생이 되고 난 후, 이러한 저의 생각이 완전히 잘못됐다는 것을 알게 되었습니다. 박근혜 대통령께서 탄핵되시니 우리나라는 끝을 향해 달려가고 있는 것만 같습니다. 대한민국이 좌파들의 파렴치한 행태로 인해 하루하루 가라앉고 있는 모습과 대통령께서 집권하셨을 때의 모습이 비교되어 속이 참 답답하고 마음이 무겁습니다. 저의 무지로 보수를 나쁘게만 생각했던 것이 후회스럽고 대통령께도 너무나 죄송합니다.

많은 20대 여성들이 대통령님을 지지하고 있습니다. 서로 같이 모여 대통령님의 무죄 석방 시위, 문재인 탄핵 시위도 진행하며 우리나라가 위기에서 잘 벗어나기를 바라고 있습니다. 대통령께서 마음 편할 날 없이 옥중에서 지내고 계실 것을 압니다. 그래도 힘을 잃지 않으셨으면 좋겠습니다. 대통령께서 무죄 석방 되어서 환하게 웃으실 날이 하루빨리 왔으면 좋겠습니다. 대통령님, 정말 보고 싶습니다.

2019년 8월 5일 이OO

편지 잘 읽었습니다. 읽는 내내 국민이 분열되어 있다는 생각에 마음 한편이 무거웠습니다. 진실에 대한 믿음과 확신이 없으면 이곳에서의 생활을 견뎌내기가 어렵겠지요? 젊음은 많은 기대와 미래를 예약하고 있습니다. 더 성숙하고 지성적인 삶을 위해 좋은 책들을 많이 읽고 운동도 열심히 하면서 건강을 잘 챙기시길 바랍니다. 저도 좋은 얼굴로 뵐 날을 기다리고 있겠습니다.

북한과의 평화경제라니!

너무도 무더운 여름이었습니다. 그곳은 에어컨도 없을 텐데 얼마나 더웠을지, 병은 안 나셨을지 염려가 됩니다. 대통령님! 지금 우리의 소원은 통일도 아니고 잘 사는 것도 아니고 오직 대통령님의 석방과 자유 대한민국의 수호뿐입니다. 한국 역사상 가장 위대한 대통령 세 분을 뽑으라면 저는 서슴없이 이승만 대통령과 박정희 대통령과 그리고 박근혜 대통령을 꼽겠습니다.

70대 할매라 그런지 옛날과 비교하면 모든 게 꿈만 같습니다. 그동안 얼마나 좋은 나라였나요. 자기가 자기 인생을 마음껏 펼칠 수 있는 나라,

자유가 보장되고 사유재산권이 보장되고 헌법이 국민을 보장해주는 나라. 정말 살기 좋은 대한민국이었잖아요! 그런데 오늘의 한국이 가는 길은 정상이 아닌 듯싶습니다.

문재인은 8·15 광복절 경축사에서 '북한'과 '평화경제'란 말을 여섯 번이나 언급했습니다. 하지만 서로 만나 얼싸안고 좋다 하던 김정은은 다음날 '똥싸개'니 '삶은 소 대가리가 웃을 일'이니 하고 비웃으며 미사일 두 발이나 쏘았습니다. 그래도 문재인은 따끔한 말 한마디가 없습니다.

저희들은 기도하고 있습니다. 우리의 조국 대한민국을 어려움에서 건져주시기를, 고난을 이겨낼 힘과 지혜와 건강을 대통령께 주시기를, 대통령께서 어서 자유 석방되시기를. 청렴결백하게 오직 대한민국 위해 생을 바치신 대통령님을 분명 하나님께서도 기억하시리라 믿습니다.

2019년 8월 19일 구OO

대전시 유성구 전민동

이곳의 여름은 밖에서보다 더 덥습니다. 방에 선풍기가 있지만 더운 것은 피할 수가 없습니다. 이곳에 있으면서 자유가 얼마나 소중한 가치인지 새삼 깨닫고 있습니다. 저는 '인간에게는 생각할 수 있는 힘이 있다.'라는 점이 동물과 다른 점이라고 배웠습니다. 그 생각할 수 있는 힘의 가장 기본적인 요소가 자유라고 생각합니다. '자유를 잃어버리면 모든 것을 잃어버리는 것이다.'라는 말이 있듯이 이토록 소중한 자유와 목숨 걸고 지켜온 이 나라를 우리 후손에게 잘

물려주어야겠지요.

자랑스럽던 대한민국이 어쩌다가

저는 미국 캘리포니아주에 살고 있습니다. 우리 가족은 제가 고등학교 2학년일 때, 1986년도에 미국에 이민을 왔습니다. 벌써 33년이 지나 당시 열일곱 살이었던 저는 벌써 쉰 살이 되었고, 세 아이의 아빠가 되었습니다. 제가 처음 미국에 이민 와서 놀란 것은 당시 '한국(Korea)'이란 나라를 미국 사람들이 모르고 있었다는 것입니다. 심지어 영어를 가르쳐주던 학교 선생님도 Korea가 어딘지 물어보셔서 중국과 일본 사이에 있는 조그마한 나라라고 지도를 그리며 설명했던 기억이 납니다. 당시 Korea는 미국 사람들에게는 한국전쟁(Korean War, 6·25전쟁)이라는 이미지밖에 없었습니다.

그런데 지금은 그 이미지가 완전히 바뀌었습니다. 삼성 핸드폰, LG TV, 냉장고, 노트북, 현대, 기아 자동차 등 미국 사람들이 제일 좋아하는 브랜드가 되었습니다. 이제 한국은 86년도에 제가 미국에 처음 왔을 때의 일본만큼이나 잘사는 나라로 인식되고 있습니다. 미국에 사는 저를 포함해서 교포들은 얼마나 우리 기업들이 자랑스럽고 고마운지 모릅니다. 그들 덕분에 한국인(Korean)이라는 것이 자랑스럽습니다.

이 모든 것이 우리나라를 5천 년의 가난에서 벗어나게 해주신 박정희 대통령과 몸을 바쳐 국가를 위해서 헌신한 저희 아버지 세대의 결과물이라고 굳게 믿습니다. 저는 요즘도 가끔 박정희 대통령께서 서독에서 일하던 우리 광부들과 간호사들 앞에서 차마 목이 메어 연설을 못 하시던 영상을 보고 눈물을 흘리곤 합니다.

요즘 한국을 보면 참 안타깝습니다. 왜 선신국 문턱에 다 와서 중진국, 후진국으로 가려고 하는지 이해가 되질 않습니다. 피로 맺은 동맹인 미국을 무시하고, 우리 아버지 세대의 희생을 무시하고, 전 세계가 존경하는 박정희 대통령의 업적을 무시하는지. 마치 어느 순간 갑자기 이런 부와 평화가 하늘에서 떨어진 것처럼 얘기하고 행동하고 있습니다. 북한을 위하는 것 같은데 정작 탈북자는 서울에서 굶어 죽고, 뭐가 잘못되어도 한참 잘못된 것 같습니다.

박근혜 대통령님, 건강하셔야 합니다. 이 난국을 헤쳐 나가서 우리나라를 다시 일으켜 세우실 분은 대통령님밖에 없습니다. 꼭 대한민국의 무궁한 영광을 위해서 버팀목이 되어 주세요.

2019년 8월 30일 강OO

CA, U.S.A

저도 아버지께서 당시 서독을 방문하셨을 때 그곳에 파견 나와 일하시던 광부 분들 앞에서 목이 메어 연설하시다가 우시는 영상을 본 적이 있습니다. 지금도 그 장면을 생각하면 가슴이 찡합니다. 얼마 전에 상영되었던 '국제시장'이라는 영화를 관람하면서 같은 장면에 마음이 아팠던 기억이 있습니다. 보내신 편지글 속에서 이민 가신 지 33년이 지나도 조국의 발전과 어려움에 함께 기뻐하시고 슬퍼하시는 나라 사랑을 진하게 느낄 수 있었습니다. 님이 느끼셨던 대한민국 국민으로서의 자부심과 긍지를 다시 느낄 수 있는 날들이 반드시 올 것입니다. 비록 머나먼 타국에 계시지만 한국인으로서의 긍지를 잃지 마시고 건강하고 행복한 날들을 보내시길 바랍니다.

누군가의 판단에 길들여지지 않기 위하여

요즘 TV, 신문을 거의 안 봅니다. 평범한 사람을 바보로 만드는 걸 알기 때문이죠. TV를 바보상자라고 하는데 틀린 말은 아니잖아요. 유튜브라는 새로운 플랫폼이 생겨서 다양한 의견과 소식을 접할 수 있습니다. 단, 분별해서 봐야 되지만요. 참 어렵습니다.

한때 방송작가 일을 했어요. 그때 방송의 위험성을 느꼈고, 방송하는 사람들의 오만함과 선민의식을 느꼈지요. 조금이라도 영향력이 있다고 느껴지면 대부분의 사람들은 그리 되는 모양입니다. 처음엔 정보와 오락거리를 서비스하는 개념이었던 매체가 점점 대중을 길들이고 선동하는 수단으로 변해버린 거죠. 대통령님이 정치계, 언론계 등 그런 군상들과 상대하시면서 얼마나 고뇌가 많고 힘드셨을지 짐작이 갑니다. 그들이 대통령님도 자기 입맛대로 길들이려 했잖습니까. 그 와중에도 늘 겸손한 경청의 자세를 잃지 않으려 하셨지요. 느낄 수 있었어요.

사람들은 직접 눈으로 보고 귀로 듣고도 스스로 판단을 못합니다. 대신 다른 사람, 특히 권위 있다고 생각되는 자의 판단을 자기 판단인 양 착각하더군요. 사고와 판단의 자주성과 자율성을 많이 잃었어요. 기억나십니까? 의원회관이었나요. 민주당 대표였던 김한길과의 회동. 그때 김한길은 귀를 닫고 A4 원고를 읽으며 자기주장만 했지요. 그 사람의 소통 부재와 대화 의사 없음을 보여준 장면이었는데도 방송에 나온 평론가란 사람들은 대통령께서 소통을 안 한다며 거꾸로 해석해대는 걸 보며, 언론이란 정말 눈 가리고 아웅 하는구나 싶었습니다. 그때도 많이 속상하셨지요?

대통령님, 저 또한 많은 어리석음이 있습니다. 하지만 이제 정신줄 꼭 붙잡으려 합니다. 존재감 없는 민초에 불과하지만 저 같은 이런 사람들이 점점 더 많아질 것입니다. 아니, 많습니다. 그런 노력을 이름 없는 분들이 계속하고 있고, 조금씩 확장되어 가고 있어요. 희망이 보이시죠? 우린 그런 사람을 정상인이라고 부릅니다. 나머지는 좀비라고 여겨요. 정상인이 많아지는 그날까지, 좀비 상태에서 많은 사람들이 깨어나는 그날까지 건강 유념하시길 부탁드립니다. '사랑합니다.' 하고 얘기하면 오그라드실까 봐 '존경합니다, 그립습니다.'로 마무리 짓겠습니다.

2019년 8월 OO

충청남도

민주주의 사회에서 언론의 중요성은 누구도 부인할 수 없을 것입니다. 언론은 자유민주주의를 지켜내는 보루이기도 하지만, 언론이 본연의 책무를 망각하고 사실 확인이 되지 않은 거짓을 선동하거나 사실과 다른 오보를 일삼는다면, 자유민주주의를 해치는 흉기가 되겠지요. 가짜뉴스와 가십거리 위주의 미확인 보도를 무책임하게 보도하고도 단 한 번도 그런 오보에 대하여 반성하지 않는 일부 언론들을 보면서 실망도 많이 했습니다. 다만, 시간이 지나면 가짜와 선동은 그 스스로 무너지고 파괴된다는 믿음으로 참고 견디고 있습니다.

"그립다"는 말씀, 조용한 호숫가 벤치에 앉아서 짙어지는 저녁 노을을 바라보는 것 같은 평안함을 주었습니다.

국민의 삶은 안중에도 없는 정부

김명수 대법관의 일본 강제징용 판결과 불화수소 물량의 99.7%가 행방불명된 데 대해 한국 정부의 해명을 요구하던 일본은 자국의 무역 화이트 리스트에서 대한민국을 제외시켰습니다. 이제 우리 기업들은 일본 수출 시 받고 있던 특혜를 더 이상 누릴 수 없게 되었습니다. 이에 대해 한국 정부는 수습하려 노력하는 대신 반일 감정을 더 크게 부풀리고 선동하기에만 바쁩니다. 사태 악화에 따른 환율 급등과 주가 폭락으로 제2의 IMF가 오는 게 아닐까 국민들은 불안하기만 합니다. 유학생인 저도 원화 가치의 급격한 하락 탓에 경제 위기를 실감합니다.

자유민주주의와 시장경제, 북한 인권을 외치는 민간인 우파 유투버들에게 가짜 뉴스 제조자라는 프레임을 씌우고 '반일종족주의'를 쓴 이영훈 교수님을 악마의 편집자, 나쁜 사람, 친일파라고 매도합니다. 8·15 광복절을 맞아 TV 방영 프로그램이나 극장 개봉 영화들은 왜곡된 역사와 반일감정을 부추기는 것들 뿐입니다. 1948년 8월15일이 대한민국의 건국을 기념하는 날이기도 하다는 것을 알리는 방송은 찾아볼 수 없습니다. 연세대학교 정치외교학과 김명섭 교수는 이승만 대통령의 업적을 재조명하는 연구에 힘쓰고 있지만 좌익 세력들은 국정교과서 편찬에 참여했던 그의 이력을 걸고 넘어집니다. 좌파 정치인들의 이중성도 수 없이 드러나고 있지만 어용 언론 때문에 아직도 사태를 파악하지 못하는 국민들이 수두룩합니다.

박근혜 대통령께서 자리에 계실 때는 일반 청년들이 정치에 신경 쓰지 않고 자기 개발에만 집중할 수 있었다는 생각에 깊은 슬픔을 느낍니다. 그러나 암흑이 깊을 때 새벽이 열리듯 진실은 밝혀질 것입니다. 이 주소로 더 이상 카드나 편지를 쓰지 않아도 되는 날이 속히 오길 바랍니다.

2019년 8월 심OO

"암흑이 깊을 때 새벽이 열리듯 진실은 밝혀질 것입니다."라는 말씀처럼 비록 많은 시간과 인내가 필요하겠지만 진실이 거짓을 이기는 날이 온다고 믿고 있습니다. 대통령을 지냈던 사람으로서 힘들다는 국민들의 목소리를 들을 때마다 송구하고 죄송합니다. 재임하는 동안 1분, 1초를 아껴가면서 일을 했다고 생각했는데 결실을 보지 못해 늘 마음이 무거웠습니다. 언제일지 모르지만, 님이 바라시는 대로 이곳 주소로 더 이상 편지를 쓰지 않으셔도 될 날이 오겠지요. 편지 감사합니다.

오늘의 행복이 누구 덕분인지 묻고 싶습니다

손녀가 두 돌이 지나면서 걷기 시작했고 말도 조금씩 배우고 있습니다. 보통 아이들에 비하면 일 년 정도 성장이 늦은 것 같아 그동안 마음 걱정이 많았습니다. 이제야 조금 늦을 뿐 정상적으로 자라고 있는 것 같아 마음이 놓입니다.

저는 오래전부터 외국 여행을 하지 않았습니다. 근래 와서 수십만, 수백만 명이 해외여행을 한다는 뉴스를 접하면서 그들을 비난한 적도 있습니다. 나라가 이렇게 어렵고 혼란스러운데 한가롭게 외국 관광을 즐길 수 있단 말인가, 이해가 되지 않았습니다. '오늘날 당신들이 누리는 여유와 행복은 누구 덕분인지 한번이라도 생각해본 적 있나요?'하고 묻고 싶기도 했습니다.

그런 제가 지난달 형제들과 함께 캐나다와 미국에 다녀오게 되었습니다. 지평선의 끝이 보이지 않는 넓은 평원, 다양한 인종들이 섞여서 자유를 만끽하며 살아가는 모습을 보며 과거에 제가 백두산 정상에서 만주벌판을 바라보았던 기억이 불현듯 뇌리를 스쳐 지나갔습니다. 그리고 임께서 '통일은 대박'이라고 하시던 말씀이 떠올랐습니다. 여행을 마치며 형제들과 함께 창조주의 무심함을 원망하기도 했습니다. 대한민국 국민에게 저 넓은 땅을 주셨더라면 새마을 사업으로 옥토를 만들었을 거라고요. 부자 나라가 되어 만주 벌판을 샀을 거라며 한바탕 웃었습니다.

우리나라도 통일이 되어 '부강하고 자유로운 그리고 국민이 행복한 나라'를 반드시 이루겠지요. 그날이 오면 임께서는 온 국민과 함께 활짝 웃으며 둥실둥실 영광의 춤을 추시겠지요.

2019년 9월 초 박OO

경상북도 구미시 공단동

우리나라 사람들만큼 부지런한 사람들이 많지 않을 것입니다. 님의 말씀처럼 드넓은 벌판이 아니라 척박한 자갈밭을 주더라도 우리는 옥토로 가꾸었을 것입니다. 앞으로 님의 손녀를 비롯한 우리의 아이들이 행복하게 자랄 수 있는 나라를 만드는 것이 저를 포함한 우리 모두의 소망일 것입니다. 낙담하지 마시고 잘 견디시길 바랍니다. 폭풍우가 몰아치는 이 사나운 날들이 지나고 나면, 반드시 따뜻하고 평화로운 날들이 이어질 것입니다.

왜 이 땅에 안토니오는 없는가

요즈음 본국에서는 진실을 말하는 것이 거짓을 말하는 것보다 고통스러운 환경이라고 들었습니다. 그런 비정상적인 상황 속에서 독립 70주년을 맞이하자니 나라 안팎의 국민과 동포들은 참담하고 비통한 심정입니다. 법학교수와 인권변호사란 자들이 무법하게 비인간적으로 국민을 기만하는 데도 소위 지식인이라는 놈들은 다 죽었는지 통탄스럽습니다.

셰익스피어의 희곡 「줄리어스 시저」를 읽으며 천년을 지탱해준 로마의 힘을 봅니다. 브루투스의 거짓과 선동에 현혹되어 시저를 단죄했던 군중은 안토니오가 양심과 진실을 담아 시저의 업적과 공적을 하나하나 피력하고 설득시키자 선동자인 브루투스와 그 일당을 제거합니다. 그러한 로마인들의 양심과 진실한 지혜와 용기가 부럽습니다.

그동안 얼마나 고충이 많으신지요? 벌써 지난 2년간 고초를 겪고 계신데 어느 누구도 대통령을 위하여 안토니오 같은 양심선언을 하는 사람이 없다는 것이 너무나도 실망스럽습니다. 진실은 꼭 밝혀질 것입니다. 그 시기가 점점 다가오고 있습니다. 태극기 부대뿐 아니라 많은 국민이 탄핵의 실체를 알고 대통령의 복권을 기다립니다. 5천만 본국의 국민과 밴쿠버에 살고 있는 저를 포함한 8백만 재외동포의 염원을 하나님께서 들어주실 것을 확신합니다.

2019년 9월 1일 오OO

VANCOUVER, CANADA

"사기가 판을 치는 시절엔 진실을 이야기하는 게 혁명이다"라고 했던 조지오웰이 생각납니다. 진실은 더디게 올 수도 있지만 반드시 온다고 믿고 있습니다. 진실을 향한 작은 외침들이 모여 광장에서 광장으로 메아리쳐 가면 진실은 어느덧 우리 곁에 와 있을지도 모릅니다. 먼 타국의 땅에서 걱정해 주시는 따뜻한 마음, 잊지 않고 기억하겠습니다.

탈북민이 대한민국에서 굶어 죽다니!

8월의 마지막 날, 집회를 마치고 집으로 돌아오면서 광화문에 설치된 탈북 모자의 분향소에 들려 애도를 표했습니다. 마흔두 살 한성옥과 여섯 살 아들 김동진 군이 아사했다는 소식은 너무나 큰 충격이었습니다. "통일은 대박이다."라는 한 마디로 북한 주민들에게 희망을 주며 자유의 땅으로 오라고 하셨던 박근혜 대통령님이 더욱더 많이 생각나는 하루였습니다.

2019년 9월 2일 백OO
서울시 강동구 천호동

많은 분들이 탈북 모자가 아사했다는 소식을 편지로 전해주셔서 이 비극적인 일을 알게 되었습니다. 너무나 슬프고 충격적이었습니다. 이 자유로운 나라에서, 국민소득이 3만 불을 달성한 나라에서,

굶어서 죽었다는 사람이 있다는 사실이 믿기지 않았습니다. 굶주리지 않고 자유롭게 살고 싶다는 일념으로 목숨을 걸고 찾아온 이 나라에서 굶어 죽었다니요? 정치를 했던 사람으로서 너무 부끄럽고 참담했습니다.

실력을 키워 반드시 저들에게 돌려주겠습니다

안녕하세요. 동아대학교에 재학 중인 박OO라고 합니다. 무더운 여름 보내시느라 고생 많으셨지요. 지켜보는 이도 눈물과 땀으로 범벅이 된 여름이었습니다. 지난 재판 결과를 보았습니다. 엉터리 판단과 위선자들의 눈동자를 쳐다보기도 싫습니다. 한편으론 대통령께 받은 사랑의 일부라도 표현할 능력이 없는 제 자신이 무기력하게 느껴지기도 합니다. 아무런 사회적 권력도, 부도 없는 제가 미워집니다. 다만, 이 아픔과 왜곡을 기억해서 언젠가는 반드시 저들에게 돌려주고 싶습니다. 저의 위치에서 실력 정진하고 있겠습니다. 지금의 제 자신이 밉지만 잘 다독거려 봅니다. 대통령께서도 건강하시길 기원합니다.

2019년 9월 6일 박OO

부산시 남구 대연동

사람의 가치는 가진 부의 크기나 높은 관직으로 평가받는 것이 아닙니다. 위대함은 지극히 평범함에서 비롯된다고 하였습니다. 아직

가야 할 길이 많이 남아 있습니다. 앞으로 걸어갈 길이 어떤 길이 될지는 아무도 알 수 없을 것입니다. '시작이 반'이라는 말처럼 지금부터 시작하면 되는 것입니다. 그리고 뚜렷하게 마음속에 자리 잡은 '목표'는 이미 반 이상을 이룬 것이라고 생각합니다. 언젠가 고구마, 닭가슴살, 아몬드 같은 것으로만 식사하고 저녁 늦게 술 마시는 일도, 달콤한 아이스크림을 먹는 것도 포기하면서 몸 관리를 잘해서 멋진 모델이 되겠다는 청년에게 "무슨 재미로 사시느냐?"라고 물어본 적이 있었습니다. 그때 그는 "목표가 있으니까요."라고 대답했습니다. 청년들에게 목표가 있다는 것은 이런 것이었습니다. 건강 잘 챙기시고 힘내시길 바라요.

조국 청문회, 세상이 너무 어지럽습니다

태풍이 지나고 오늘은 바람마저 잦아들었지만 세상은 조국 청문회로 시끄럽습니다. 캐면 캘수록 나오는 의혹과 비리에 대해 분노가 커집니다. 뻔뻔한 얼굴로 국민 앞에서 청문회를 하고 기자 간담회를 했지만 결국 하루로 줄어든 국회 청문회. 형식적인 요식행위에 따라 법무부장관을 시키려는 간계라는 걸 무식한 일개 서생인 저도 알 수 있습니다. 자유한국당은 왜 또 저런답니까? 시원한 한방도 날리지 못하면서 청문회를 했다는 것으로 체면 유지를 하려던 것인가, 생각했습니다.

청문회를 마치기 10분 전 화면에 뉴스 속보 자막이 떴습니다. 윤석열의 검찰 조직이 증거가 충분하다며 조국의 마누라를 사문서 위조로 기소했더군요. 윤석열의 이름 석 자는 제 뇌리에서 지울 수 없는 증오의 대상입니다. 그런 그가 공소시효 마지막에 조국의 처를 기소하다니 무슨 뜻일까요. 해석이 분분합니다. 윤식열이 검찰 조직을 지키기 위해 조국을 치는 것이라고도 하고, 문OO의 은혜를 입은 자가 문OO이 임명하려는 조국을 치는 것은 말이 안 된다고도 합니다. 조국의 비리가 너무 많아 문OO에게 화가 돌아가지 않도록 미리 제거하는 것이라는 말도 있습니다. 백인백색의 의견이 난무하니 혼란스럽습니다.

어쨌든 저들의 근간이 흔들리는 것 같습니다. 레임덕이 시작되고 있는 것도 같습니다. 매주 토요일, 한 명이라도 수를 늘려 주자는 생각으로 태극기를 흔들었습니다만 같이 나가던 친구들의 숫자도 점점 줄어들고, 그나마 나오는 친구들도 열심히 독려하는 제 체면을 봐서 대열에 합류해주는 것이란 생각에 힘이 떨어져 가던 중이었습니다. 그런데 저들이 와해되고 있는 것 같은 조짐에 다시 힘이 생깁니다.

한편으로는 두렵습니다. 저들은 또 어떤 간계를 가지고 나올까. 속수무책으로 당한 보수우파 국민들이 저들의 조직적이고 능수능란한 술책에 또 넘어가는 것은 아닐까. 분명히 저들은 무언가 획책할 것인데 그들을 이길 대책은 우리에게 있는 것인가. 그래서 걱정이 됩니다.

세월이 빠릅니다. 곧 추석입니다. 그곳에서는 세월이 너무 느리게 느껴지시겠지만 터널은 곧 끝나리라는 것은 자명한 사실입니다. 항상 건강 돌보시고 그리하여 정의가 살아있음을 보여주십시오. 저들이 얼마나 무도한 짓을 했는지 이 어리석은 국민들에게 보여주십시오.

2019년 9월 8일 한OO

서울시 서초구 잠원동

'더도 말고 한가위만 같아라' 라는 말이 있듯이 추석은 우리 민족의 최대 명절이지요. 조국 장관의 청문회에 관련된 이야기는 많은 국민들이 관련 소식을 보내주셔서 잘 알고 있습니다. '한 번 뱉은 말은 주워 담지 못한다.'라는 말이 있습니다. 그래서 옛 어른들이 '말을 할 때는 신중하게 하고, 특히 남에 대한 말을 할 때에는 한 번 더 생각하고 생각해서 그 마음을 아프게 하는 말은 하지 말라'고 가르쳐 왔던 것입니다. 어떤 사람을 평가할 때 그 사람이 걸어온 길을 뒤돌아 가보면 그가 어떤 사람인지를 알게 된다고 합니다. 자기가 걸어온 발자국에 대해서는 그 자신이 가장 잘 알고 있을 것입니다. 거짓말이 사람들을, 그것도 일부의 사람들을 잠시 속일 수는 있어도 모든 사람을 영원히 속일 수는 없습니다. 남을 속이려고 들면 들수록 더 깊은 거짓말의 수렁에 빠져버리는 평범한 이치를 알지 못하는 사람이 나랏일을 맡을 수는 없다고 봅니다. 님의 말씀처럼 터널이 끝나는 출구가 있을 것입니다. 따뜻한 위로의 말씀에 감사를 드립니다.

인헌고의 어린 학생들이 준 희망

많이 거칠다고 알려져 있지만 아직까지 우리나라의 고등학생들이 천진난만하고 순진무구하다는 것을 대통령께서도 잘 아시겠지요. 덩치만 컸지 거친 세상살이를 헤쳐 나갈 힘이 아직은 약한 아이들입니다. 그래서 바른길을 가르쳐줄 선생님의 역할이 더욱 막중하지요. 그런데 교사들이 좌편향되어 그른 길로 인도한다면 대한민국의 미래는 어두울 수밖에 없습니다.

인헌고등학교 학생들이 전교조 선생님을 상대로 시위한 것을 보며 엄청난 희망을 느낍니다. 아예 대놓고 사회주의를 표방하던 조국이 각종 비리와 불법을 행하며 자신과 가족을 위해서는 자본주의의 온갖 열매를 따먹은 것이 명백한데도 전교조 교사들은 가짜 뉴스라고 가르쳤답니다. 이념은 다르더라도 아이들에게 진실을 가르쳐야 할 스승의 책무를 포기한 겁니다.

아이들이 정의를 갈망하며 잘못된 것을 반박할 용기가 있었다니 이렇게 기특할 수가 없습니다. 인헌고 학생들을 본받아 학부모들이 전교조의 잘못을 성토하고 있으니 반가움이 더해집니다. 스승의 그림자는 밟지도 말라는 가르침은 변함없지만 잘못된 스승을 가려내는 것은 학생과 학부모의 책임입니다.

선생님의 잘못된 가르침에 분연히 들고 일어나는 고등학생들이 있어 기쁜 마음입니다. 교육이 바로 서지 않는 나라의 참담함을 알기 때문입니다. 이런 신선한 소식을 썩은 언론은 제대로 전하지 않고 있습니다. 학생들의 용기는 입도 뻥긋 못하면서 정치적 발언을 한 교사를 교육청이 조사한다는 한 줄 보도가 전부입니다. 관공서나 정류장에 틀어놓는 TV 뉴스에 흥미도 없는데 출연하는 앵커와 기자는 세상이 자기들만 바라보고 있다고 착각하여 진지한 얼굴을 하고 보도를 하니 이 또한 코미디입니다. 정보통신 강국이 썩은 언론 때문에 나라의 바닥이 드러나고 있습니다. 소셜 네트워크가 훨씬 정확하고 다양합니다.

썩은 언론과 여당이 박근혜 대통령님을 깎아내릴수록 님의 위업이 돋보입니다. 대통령께서 의연하게 어려운 시대를 지켜내시니 무릇 깨어 있는 국민이 용기를 내어 자유와 정의를 외칠 수 있다고 믿습니다. 6·25전쟁 때 백만 양민을 학살한 북괴를 찬양하며 현실을 망각한 정부가 제정신인지 의심스럽습니다. 국가안보에 '짱'이었던 박근혜 대통령님을 그리는 태극기 물결이 더 거세질 수밖에 없는 이유입니다. 언제나 나라만 걱정하시는 대통령님의 수도자 같은 모습을 저희는 기꺼이 뒤따를 것입니다.

2019년 11월 1일 황OO

충청남도 아산시 온천동

'국제시장'이라는 영화를 청소년들도 많이 관람하였다고 들었습니다. 어떤 학생이 영화를 보고 나서 "왜 이런 역사를 우리에게 가르쳐 주지 않았냐?"고 울면서 원망했다는 이야기를 전해 들은 기억이 납니다. 미래의 주역인 청소년들은 우리 역사를 올바르게 배울 권리가 있고 기성세대는 그들에게 올바른 우리 역사를 가르쳐 줄 의무가 있습니다. 정의로운 것이 어떤 것인지를 판단할 줄 알고, 옳지 않은 것에는 저항할 수 있는 청소년들이 있다는 것은 우리나라의 미래가 밝다는 것이겠지요.

강인한 당신을 믿습니다

저의 작은 소원 하나 적어봅니다. 나라와 결혼했다는 그 말, 믿었습니다. 어떻게 세운 나라인가, 하는 말씀도 믿었습니다. 그런데 어느 날 느닷없이 탄핵이라는 말에 서글펐습니다. 어떻게 세상을 살아가실까, 가슴이 아팠습니다. 저라면 세상을 등졌을 거라는 생각을 가끔 합니다. 잘 이겨내시는 모습을 보며 참으로 강인한 모습을 보았어요. 대통령께서 석방되시는 날이 얼마 남지 않았기를 바랍니다.

2019년 11월 8일 곽OO

서울시 중랑구 묵동

제가 겪은 삶의 여정을 파란만장하다고 말씀을 하신 분들이 계셨지요. 저 역시도 보통의 평범한 삶과는 다른 삶을 살아왔던 것으로 생각합니다. 때로는 극한의 고통과 아픔도 겪었지만, 또한 영광스러운 시간도 있었습니다. 그리고, 때로는 평범한 삶이 부러울 때도 있었습니다. 하지만, 제게 주어진 삶을 국민과 대한민국을 위해 살아가겠다는 신념으로 자신을 다지곤 했습니다. 오해와 억측과 모함 속에서도 저의 진심을 믿어주시고 응원과 지지를 보내주시는 님과 같은 국민이 계시기에 저는 이 시련을 견디어 낼 것입니다. 감사합니다.

대한민국에 태어나 살아온 행운

뭐라 기도해야 할지 막막한 상황에서도 하나님은 우리를 대신해서 성령으로 기도해주신다는 말씀이 크게 힘이 됩니다. 앞이 깜깜하고 아무것도 보이지 않는 어둠 속에서 한 줄기 빛으로 우리에게 오시는 하나님, 감사합니다.

늘 외세의 침략에 시달렸고 일본의 침략을 받아 식민지로 36년을 보냈고 또 6·25전쟁과 남북 분단을 겪으며 우리 민족은 깊은 열등감과 패배의식이 만연했던 것 같습니다. 그런데 박정희 대통령께서 '하면 된다!'는 정신을 이 민족에게 심어주셨습니다. 그렇게 국민을 일깨웠고 불가능에 도전하는 나라를 만들어 한강의 기적을 일으키셨습니다. '하면 된다.'는 정신은 기독교 정신이라고 생각합니다. 주일학교를 다니셨던 박정희 대통령의 마음속에 '하나님이 함께하시면 무엇이든 할 수 있다.'는 확신이 있으셨던 것 같습니다.

며칠 전 저희 교회에서는 북한에 억류되었다가 2년 반 만에 풀려난 목사님이 강의를 해주셨습니다. 평양의 40층 아파트에서 화장실에 가려면 1층까지 걸어 내려가야 한답니다. 고층건물의 화려한 외관 뒤에는 비참하게 생활하는 사람들이 널려 있고 고아도 많다고요. 워낙 열악해서 아이도 낳지 않으려는 사람이 많은 걸 보면 인구가 2천만이라고 하는 것도 거짓말 같답니다. 수명도 짧으니까요. 그나마 모두 영양실조여서 청년들의 신장은 남한의 젊은이들보다 10cm 이상 작답니다.

목사님은 그들이 너무 불쌍해서 라면이나 담요 같은 생필품을 보내주고 영어도 배울 수 있게 원어민 강사들도 보내주며 헌신적으로 봉사하셨답니다. 그런데 미국의 어느 교회에서 그분이 강연한 내용을 핑계 삼아 북한당국이 목사님을 체포하고 사형선고까지 내렸습니다. 다행히도 그분의 국적이 캐나다로 되어 있어서 함부로 하지는 못한 덕에 1년 전 무사히 풀려날 수 있었답니다. 비슷한 시기에 웜비어 청년이 식물인간이 되어 미국에 돌아왔지만 곧 사망했지요.

북한처럼 살지 않을 수 있었던 것은 행운이었습니다. 온갖 어려움 속에서도 '하면 된다.'는 정신으로 이 나라의 부강을 이끌어주신 박정희 대통령의 은혜와 그 뜻을 이은 박근혜 대통령께 감사드립니다.

2019년 11월 16일 정OO

경기도 고양시 덕양구 화정동

어느 탈북자 한 분이 지도 위의 휴전선을 가리키며 "당신이 5cm 위에 태어나지 않은 게 얼마나 다행인지 모를 거다."라고 했다는 말을 들은 적이 있습니다. 흔히, 사람들은 이 세상에서 정말로 소중한 것들을 누릴 때는 당연한 것으로 알고 있다가, 이를 잃고 나서야 비로소 그 소중함을 알게 된다고들 하지요. 아마 그 대표적인 것이 자유가 아닌가 합니다. 우리가 목숨으로 지켜온 자유를 지켜내야 하는 이유야 더 말할 필요도 없겠지요. 따뜻한 글 감사합니다.

집토끼는 이제 안 할 겁니다

치료는 잘 받고 계시는지요? 구치소보다는 병원이 낫겠지만 그래도 여전히 억울하게 수감생활 중이신 것을 생각하면 너무나 마음이 아픕니다. 저는 예전에 '황교안이 탄핵의 주범!'이라는 말이 들릴 때 고개를 갸우뚱했습니다. 그런데 이제 황교안 대표가 김무성 부류와 기독자유당을 만든다는 이야기가 들립니다. 무소속 이언주 의원이 울산대 이정훈 교수 등과 신당을 창당한다는 이야기들도 나옵니다. 평범한 우파 국민인 저의 눈에는 모두 마음에 들지 않네요.

그동안 자한당에게 일말의 희망을 품었지만 이제 완전히 기대를 접었습니다. 국회의원이 단 하나도 없던 프랑스의 마크롱 신당이 대통령도 만들고 총선도 승리하는 것을 보며 많은 것을 느낍니다. 한반도가 적화된다며 우파 국민들을 겁박하고 표를 갈취하는 자한당의 집토끼는 이제 안 할 겁니다. 저와 같은 마음인 우파 국민들이 다수인데 자한당은 민심을 못 읽는 것 같습니다.

밤이 지나고 반드시 새벽 여명이 비치듯, 박 대통령님 개인의 인생과 한반도의 운명에도 생명의 빛, 진실의 빛이 환하게 비춰지는 때가 속히 오길 기도합니다.

2019년 11월 20일 심OO

참으로 오랜만에 듣는 '집토끼' 소리입니다. 정치판에는 '산토끼 잡으려고 하다가 집토끼 놓친다'는 말이 있습니다. 님의 말씀처럼 소위 '집토끼'는 만만한 대상이 아니라 고마우면서도 두려운 대상입니다. 내가 가둘 수 있다고 생각하는 순간, 집토끼들은 모두 밖으로 나가버릴 것입니다. 언제나 가둬둘 수 있다고 착각을 하는 것은 정치인들뿐이지요. 국민을 무겁게 바라보면서 옳은 정책을 위해 노력하면 산토끼도 산에서 내려와 스스로 품 안으로 들어오겠지만, 얕은 꾀로 잠시 환심을 사려고 하면 있는 집토끼도 가출(?)을 하겠지요. 님의 말씀처럼 밤이 지나면 반드시 여명이 밝아 올 것입니다.

대통령께 포상 휴가받았던 군인입니다

저는 스물여섯 살 된 평범한 청년입니다. 쌀쌀한 날씨에 무탈하신지요. 지난 2015년 초가을, 대통령께서 포상 휴가를 주셔서 전우들과 기뻐했던 기억이 생생합니다. 회신이 너무 늦었지요? 죄송합니다. 어쩌면 읽히지도 못하고 잊힐 그런 편지가 되지 않을까 하는 마음이었던 것 같습니다. 그래도 제 마음을 전한다는 그 자체가 중요하지 않겠습니까? 하하. 그때 보라색 정장을 입고 미소 지으며 환대를 받으시던 모습이 문득 문득 생각이 납니다.

대한민국 사법부의 법리가 바로 서는 날, 너무나 사랑하는 대통령님의 온화한 미소를 다시 볼 수 있을까요? 가을이 무심히 타고 있습니다. 다가올 겨울 건강히 보내시고요. 언제나처럼 꿋꿋이, 또 의연하게 견디어내시길 바랍니다.

2019년 12월 1일 백OO

경기도 시흥시 월곶동

국민의 의무 중에서 가장 기본적이고 중요한 의무가 국방의 의무라고 생각합니다. 나라를 지키기 위해 국방의 의무를 충실히 이행하신 국군 장병들 덕분에 어떤 위기의 상황에서도 우리 국민은 안심하고 살 수 있었습니다. 북한의 목함지뢰 도발 사건을 알고 계시지요? 당시 군 장병들이 북한의 도발에 무척 분개하면서, 안보 비상시기에 빈틈없는 근무들을 했습니다. 그런 장병들의 늠름하고 든든한 모습이 감동으로 다가왔습니다. 당시 참모들로부터 군대 생활 중 가장 기쁜 선물이 휴가라는 것을 전해 듣고 '일일 휴가를 명합니다.'라는 카드를 준비했던 기억이 새삼 떠오릅니다. 지금은 전역해서 예비군이 되셨겠네요? 군 생활을 통해 익혔던 인내와 절제심, 그리고 국가에 대한 애국심을 바탕으로 앞으로 대한민국을 위한 멋진 주역이 되어 주시기를 바랄게요.

공수처 설치, 이 나라를 어찌하면 좋습니까!

공수처 설치에 민주당이 목을 매는 걸 보니 나라 말아먹는 방법도 여러 가지라는 생각이 듭니다. 대통령과 국회의원에 대한 기소권이 없는 공수처라면 자기들만 빼고 마음껏 칼을 휘두르겠다는 이야기입니다. 그런데도 공무원의 부정부패를 철저하게 막겠다니 인간의 파렴치와 간교함에는 끝이 없습니다.

언론도 그들과 한편이 되어 대통령 일가와 국회의원은 수사대상에서 제외된다는 사실을 국민들이 알 수 없도록 감추고 있습니다. 박근혜 대통령께서 계셨다면 생각할 수도 없는 일이 이 나라에서 벌어지고 있습니다. 이것이야말로 국가적 변고입니다. 언론은 썩어서 그렇다 해도 똑똑하고 의식 있다고 생각했던 지인과 친구들도 그 폐해를 모르지 않을 텐데 입 다물고 있는 것이 씁쓸합니다.

거리엔 하루하루 빈 사무실들이 늘어갑니다. 도심 번화가인데도 장사가 안 되어 문 닫는 가게들이 속출하고 있는 것입니다. 최저임금의 급격한 인상은 이 정권 내내 시빗거리가 되고 있습니다. 김연철 통일부 장관은 '탈북민은 대한민국 국민이 아니다.'라고 했습니다. 국가 안보에 빈틈이 없으셨던 박 대통령님 시절과 자꾸만 비교가 됩니다. 대한민국을 향해 북한이 미사일을 쏘아대도 정경두 국방장관은 남한을 직접 겨냥한 것은 아니라며 여적죄를 범하고 있습니다.

주한 외신 기자클럽 회장인 마이클 블랜은 박근혜 대통령이 "무엇을 잘못했는지 도대체 모르겠다."고 했습니다. 그만큼 탄핵은 거짓과 사기인 것이 분명합니다. 3년 간 계속되고 있는 태극기 집회를 언론이 알리지 않고 있지만 이제 국민들은 대통령께서 중상모략으로 일관한 좀비들 사이에서 외롭게 분투하며 바르고 큰 정치를 하셨다는 것을 알고 나날이 놀라고 있습니다. 대통령께서 보여주시는 의연함에 많은 애국민이 마음으로 감복하여 따르고 있습니다. 믿고 따르는 애국민들이 대통령님 뒤에 좌악 깔려있다는 사실을 잊지 마십시오.

2019년 12월 1일 황OO

충청남도 아산시 온천동

올바른 지도자라면 모든 정책의 지향점이 부국강병이며, 그중에서도 강병이 더 중요하다는 것을 알 것입니다. 나라를 지켜낼 수 있는 힘을 가지지 못하면 국민소득이 아무리 높은 들 무슨 소용이 있겠습니까? 님께서도 아시다시피, 안보는 말로만으로 지킬 수 있는 것이 아닙니다. 이를 뒷받침 할 수 있는 힘이 있어야 되는 것입니다. 저는 대통령으로서의 가장 기본적인 책무가 밖의 위협으로부터 국가와 국민을 지키는 것이라고 생각했습니다. 그래서 안보에 대해서는 단 한 치의 양보도 하지 않았다고 생각합니다. 우리 국민께서는 현명하시기 때문에 이 어려운 시기를 잘 극복하시리라 믿습니다.

빛이 오면 어둠이 순식간에 사라지는 것처럼

수술한 어깨도 완전히 회복되지 않았는데 다시 구치소로 가신다는 소식에 마음이 아팠습니다. 그래도 일국의 대통령을 하신 분인데 꼭 이렇게까지 해야 하는지, 동방예의지국이라는 대한민국이 어쩌다 이렇게까지 됐는지 참으로 답답하고 안타까운 마음입니다.

제가 중학교 1학년 때에 5·16 혁명이 일어났지요. 박정희 전 대통령 덕분에 가난하고 못살던 우리나라가 어떻게 경제발전을 이루어냈는지 직접 체험하며 살아온 세대이기도 합니다. 돌아보면 물질적으로는 어렵고 힘들었어도 서로가 한마음이 되어 어떻게든 선진국처럼 우리도 잘살아보자던 그 시절이, 전세방 옮겨 다니며 근근이 생활했어도 소망하고 서로를 위로하고 염려해주며 정을 나누었던 그때가 좋았던 것도 같습니다.

돈도 없고 자원도 부족한 나라가 새마을운동을 시작으로 길도 넓히고 지붕도 고치고 민둥산에 수시로 나무도 심었습니다. 그렇게 점차 우리도 무언가 할 수 있다는 자신감을 키웠고, 잘살아보자는 마음이 더해져 수출 길을 열고 해마다 비약적인 성장을 하며 오늘날의 경제대국을 만들어온 것이 아니겠습니까?

말도 안 되는 탄핵으로 대통령께서 청와대를 나오시는 걸 보고 제 또래 대부분은 분노가 치밀었습니다. 그날 이후 태극기를 들고 거리로 나왔습니다. 그제야 청소년들은 물론 장년들까지도 우리나라가 처한 현실에 대해 무지하고 무관심하다는 것을, 잘못된 정보와 오도된 교육으로 왜곡된 역사 인식에 잠식되어 있었다는 것을 깨달았습니다. 시청 앞 광장에 김정은의 사진이 걸리고, 인공기를 태운다고 경찰이 과잉진압을 하고, 북한의 김영철에게 90도 절을 하는 대한민국 공직자를 보면서 놀랐습니다. 이를 무심하게 받아들이는 시민들이 제게는 더 큰 충격이었습니다. 6·25전쟁을 겪은 세대로, 가족이 찢어지는 고통을 평생 안고 살아온 세대로서 참으로 황당했습니다. 앞으로 또 어떤 기막힌 일들이 벌어질지 우려되었습니다.

이 모든 것을 몸소 당하시는 대통령께 위로를 드리려고 했는데, 오히려 마음을 아프게 해드린 것 같아 죄송합니다. 그러나 점차 시간이 지나가면서 '아! 이 모든 것은 그동안 우리가 무엇을 잘못했는지 눈으로 직접 보고 깨달으라는 하나님의 뜻이구나.' 하고 생각하게 되었습니다. 주변에 어떤 위험이 있는지도 모르고 오직 눈앞의 이익만 보고 달려가는 양 떼들처럼 어리석고 무지한 국민에게 그 결과가 어떤 것인지, 하나님은 직접 우리에게 일깨워주고 계십니다.

우리 교회 목사님은 이 모든 것에 대하여 지금은 우리나라뿐 아니라 전 세계가 영적 전쟁을 치르고 있기 때문이라고 말씀하셨습니다. 이것이 곧 '선과 악의 싸움'이라고 하셨습니다. 박 대통령께서 지금 이 고초를 겪으시는 것도 하나님의 옳으신 뜻을 이루기 위한 섭리 가운데 있는 것이라 하였습니다. 지금 공산주의, 독재체제가 득세하는 것은 우리가 하나님의 명령대로 기뻐하고 감사하며, 사랑 안에 거하지 않고 서로 미워하고 시기하고 질투, 음모, 이간, 거짓, 배신으로 살아왔기에 그 결과를 우리가 보는 것이라 하였습니다. 말씀을 떠난 결과, 악이 성하는 것은 당연한데 악을 심어놓고 어찌 좋은 열매를 바라느냐고 하셨습니다.

힘들고 어려운 시간도 잔이 차면 자유로운 몸이 되실 줄 믿습니다. 빛이 오면 어둠이 순식간에 사라지는 것처럼 거짓이 진실을 이길 수 없습니다. 이제껏 해 오신 것처럼 담대하시고 영육 간에 강건하셔서 다시 해맑은 얼굴을 뵙기 바랍니다. 다시 새순처럼 나오셔서 낭군으로 모신 대한민국을 위해 일해 주실 줄 믿습니다.

2019년 12월 23일 순OO

서울시 중구 다동

"빛이 오면 어둠이 순식간에 사라지는 것처럼 거짓이 진실을 이길 수 없습니다."라는 말씀에 저도 공감을 합니다. 지난 2~3년 동안 우리 사회에 잠재되어 있었던 많은 것들의 민낯이 드러났다고 생각을 합니다. 많은 분이 이러한 민낯을 보면서, 느끼고 깨달은 것이 참으로 많았다는 소회를 전해주셨습니다. 선(善)으로 우리를 인도하시고자 하는 하나님의 섭리가 우리 모두를 바른길로 이끌어 주실 것으로 믿습니다.

꽃이 지고서야 봄인 줄 알았다지만

크리스마스를 맞이하여 편지를 씁니다. 지금 바깥의 대한민국은 춥고 어둡습니다. 그러나 더욱 춥고 어두운 곳에서도 희망을 잃지 않고 계실 당신이 떠올랐습니다. 저는 사실 대통령님을 좋아하는 편이 아니었습니다. 당선 당시 중학교 졸업을 앞두고 있었기 때문에 정치에는 관심이 없었습니다. 2016년, 대통령을 탄핵하자는 바람이 불 때도 그냥 그런가보다, 했습니다. 그런데 제가 직접 목도한 민주당의 댓글공작, 치졸한 좌파들의 유언비어 그리고 인신공격을 보면서 무언가 이상하다고 느꼈습니다. 아니나 다를까, 슬픈 예감은 틀린 적이 없습니다. 이제 우리는 나날이 심해지는 미세먼지, 친중세력, 내로남불식 인사, 집값 폭등, 교육의 질 하락, 취업률 수직 하강을 겪으면서 살아가고 있습니다.

꽃이 지고서야 봄인 줄 알았다고 하지요? 저는 아니라고 생각합니다. 어떻게 대통령님을 꽃에 비교할 수 있겠습니까? 대부분의 꽃은 한 철 피고 지고 맙니다. 그렇지만 대통령님의 진심은 영원히 지지 않는 태양과 같다고 생각합니다. 전하지 못한 진심을 알아주는 사람들이 있음을 알아주세요. 재임 중에 성공한 일도 있고 미비한 일도 있지만 문재인에 비할 바겠습니까? 단지 미혼의 고위직 여성이라는 이유만으로 인격을 난도질하고 어처구니없는 부풀리기로 죄를 덮어씌운 자들이 득세하고 있다는 사실에 몸서리쳐집니다. 대통령께서 조금이라도 잘못하신 일이 있다면, 비열한 무리들의 움직임을 용서하시고 악의 근원을 매정하게 뿌리 뽑지 못한 것이겠지요.

저는 대통령님이 박정희 대통령의 딸이기 때문에 정치계에 쉽게 입문한 것으로 알았습니다. 그런데 한 해 두 해 나이를 먹으며 당신께서 견뎌내신 세월의 무게를 조금씩 느끼고 있습니다. 그 옛날의 한국에서, 그렇게 외길 인생을 걸어오신 것은 평범한 사람이 할 수 있는 일이 아닙니다. 주어진 왕관의 무게를 견디며 진실하게 살아온 분으로 여겨집니다. 영웅의 인생에는 꼭 위기가 있습니다. 그렇게 많은 위기를 겪어내고도 살아 내고 있는 담대한 삶을 존경합니다.

다행히도 저처럼 생각하고 있는 사람들이 조금씩 늘어나고 있습니다. 긴 세월을 버텨냈는데도 또 버텨주기를 강요하는 것 같지만, 결코 포기하지 않는 그런 삶의 자세를 본받고 싶습니다. 대통령께서 좋아하신다는 노래 '빙고'를 제 알람으로 설정하고, 매일 아침마다 듣고 있습니다. 아침에 일어나기 싫을 때마다 '쉽게만 살아가면 재미없어, 빙고'라는 가사를 듣고 힘을 냅니다.

정치인에 대한 평가는 사람마다 다를 수 있다고 생각합니다. 그러나 기억해 주시길 바랍니다. 정치인으로서의 박근혜 뿐 아니라, 인간 박근혜로도 당신은 충분히 잘 살아 왔고, 또 잘 살아가고 계십니다. 부디 결연한 의지를 계속 보여주십시오. 그 정신을 본받아 흔들리더라도 꺾이지 않는 사람이 되도록 저도 노력하겠습니다.

2019년 12월 25일 조OO

"정치인으로서의 박근혜뿐 아니라, 인간 박근혜로도 당신은 충분히 잘 살아왔고, 또 잘 살아가고 계십니다. 부디 결연한 의지를 계속 보여주십시오."라는 말씀이 지난 저의 삶을 되돌아보게 하였습니다. 결코 평범하지 않은 삶이었습니다. 어찌 보면 다시는 걸어가고 싶지 않은 삶인지도 모릅니다. 부족했을지는 몰라도 부패와 더러움에 찌든 삶은 아니었습니다. 오랜 추위를 뚫고 봉우리를 틔우는 매화처럼 그렇게 견디고 이겨내겠습니다.

지체장애 남편도 참석하는 태극기 집회

태극기를 들고 서울을 오가며 무죄 석방을 외쳐온 것이 벌써 3년째입니다. 남편은 지체장애 1급인데도 이제는 저보다 더 태극기 집회 참석에 열성입니다. 오늘도 남편이 운전하는 차를 타고 함께 다녀왔습니다. 대통령께서는 그저 건강 잘 지키셔서 청와대로 복귀하시면 됩니다. 대통령님, 사랑하고 존경합니다.

안OO

몸도 불편하신 남편분이 저로 인해 집회 참석을 하신다는 말씀에 미안함과 안쓰러움이 겹쳐 옵니다. 건강 잘 챙기시고 무리하지 않으시기를 바랍니다. 정말 감사합니다.

제4장

2020년 그리고, 아직

속이기도 쉽고 속기도 잘하는 나라

그동안 나라 걱정하지 않고, 관심도 없이 살아왔는데 탄핵사건으로 정신이 번쩍 들었습니다. 2016년은 개인적으로 힘든 시기였어요. 시아버님께서 돌아가셨고 15년을 동고동락했던 반려견 흰둥이도 무지개다리 너머로 떠났지요. 그래도 하나뿐인 딸아이가 저에게 찾아온 반가운 시기이기도 했어요. 임신 4개월이 되던 어느 날이었어요. 배가 고파 김밥 집에 들러 먹고 있는데 식당에서 켜놓은 TV로 헌재 판결이 생방으로 나오더군요. '파면한다.'라는 말이 끝나자마자 젓가락으로 들고 있던 김밥을 떨어뜨리고 말았습니다. 어찌 저런 일이! 내가 지난 4년 동안 대통령이라는 사람 때문에 피해를 본 게 있던가? 대통령이 탄핵이 되어야 할 정도로 대한민국이 위태로웠는가? 임기가 1년가량 남은 대통령을 대체 왜 탄핵시켜야 하는가? 정말 많은 생각을 했습니다.

나는 박근혜라는 사람에게 투표하지 않았습니다. 박근혜라는 사람은 아버지, 박정희 대통령의 후광으로 정치하는 사람 정도로 여겨왔을 뿐이었습니다. 그런데 나는 왜 대통령께서 탄핵을 당한 날, 그렇게 눈물을 흘렸을까요? 내가 지지하지도 않았고 투표하지도 않은 대통령이었지만 과반 이상의 유권자들이 원하는 사람이었기에, 국민 주권이 반영된 것이기에 대한민국 대통령으로 인정하고 살아왔기 때문이었습니다. 그런데 말도 안 되는 가짜 뉴스들과 적법절차도 없이 신중함이 결여된 탄핵 과정을 보노라니 일국의 대통령도 저렇게 당하는데 일개 국민의 한 사람인 나는 어떻게 되겠는가, 또 이 나라에서 태어나 자라야 할 내 아이는 어떻게 되는 것인가, 하는 걱정에 참으로 암담하고 분하고 억울했습니다.

딸을 낳은 뒤 틈틈이 공부했고, 그래도 모르는 것들은 많은 애국자분들이 가르쳐주셨습니다. 실체를 알아갈수록 지금껏 살아왔던 내 나라에 대해 적잖이 실망했습니다. 자유와 법치를 입으로만 떠들던 사람들은 지위와 소속을 불문하고 진실에 대한 생각도, 갈망도 없었습니다. 많은 이들이 촛불 광기에 취해 부화뇌동했고 또 많은 이들이 탄핵은 잘못되었으나 지나간 역사이니 묻고 가야 한다고 했습니다. 더 많은 이들은 사기 탄핵의 실체를 알면서도 비겁하게 침묵하는 길을 택했습니다. 물질문명의 발달이 정신문명의 발달까지 수반하지는 못했구나, 깨어나는 것을 거부하는 이들이 참으로 많다는 것을 알았습니다.

속이기도 쉽고 속기도 잘하는 나라. 이런 나라에서 제 자식이 어떻게 살아갈까 하는 두려움과 회의감이 큽니다. 엄마인 제가 자식에게 '너만은 진실하게 살아라. 올바르게 살아라.' 하고 말할 자격이 있나 싶기도 하고요. 그러나 분명한 것은 시간이 걸리더라도 진실은 밝혀지게 되며, 하늘은 그에 맞는 벌을 내릴 거라는 것입니다. 칸트가 '최고의 선(善)은 선의지'라고 했듯이 우리는 죽을 때까지 선의지를 갖고 살아가면 되겠지요.

지난해 12월 21일, 머리털 나고 처음으로 광화문을 찾았습니다. 며칠 전 장난을 치다 뒤로 넘어지는 바람에 식탁에 머리를 찧어 조금 다친 딸아이는 남편에게 맡겨 두고요. 엎친 데 덮친 격으로 편도선이 부어 고열에 시달리느라 새벽까지 잠을 이룰 수 없었지만 크리스마스 전에 대통령께서 꼭 나오시길 바라는 마음이 너무 간절했습니다. 그날만이라도 참석하지 않으면 두고두고 후회할 것 같았습니다. 크리스마스의 기적은 없었지만, 대통령님 석방을 위해 저도 작은 노력을 했다는 생각이 조금이나마 제 자신을 위로합니다. 앞으로 더욱 더 열심히 마음을 내고 행동해야겠다는 다짐도 했습니다.

그동안 나라를 위해, 국민을 위해 노력해 주신 것에 대해 감사하지 못했던 저와 국민들을 용서해주세요. 속히 자유의 몸이 되셔서 진실이 존중받는 나라, 살기 좋은 나라가 되도록 대통령께서 다시 힘써주셨으면 합니다. 대통령님! 용기 잃지 마시고, 건강하세요. 너무너무 존경합니다.

2020년 1월 22일 백OO

경기도 안산시 상록구 사동

"속이기도 쉽고 속기도 잘하는 나라"

이 글을 읽으면서 많은 생각을 하였습니다. 어찌 보면 너무 순박한 사람들은, 다른 사람들이 거짓말을 한다는 것을 상상조차 하지 못할 것입니다. 남들도 자신처럼 늘 진실을 말하고 다른 사람을 해코지하지 않는다고 생각하기 때문이겠지요. 살아가면서 믿었던 사람에게 배신당하는 것보다 더 아프고 참담한 것이 있을까? 생각해봤습니다. '속은 사람이 바보'라는 말처럼 자신의 믿음을 자책해보고 원망을 해도 이미 때는 늦은 것이겠지요. 작년 크리스마스 때 저의 석방을 간절히 기원하셨다는 말씀에 위로를 받으면서 좋은 날에 뵙기를 기대하겠습니다.

무색무취의 존재로 숨지 않겠습니다

이 편지는 무지해서 남에게 선동당해 옳지 않은 줄도 모르고 살아왔던 어리석은 인간의 참회입니다. 감히 제가 대통령께 이해와 용서를 바랄 수 있는지는 모르겠지만, 그럼에도 잘못을 인정하고 드러내는 것이 거짓과 사기가 난무한 상황을 바로잡는 미약한 첫 단계라 생각하며 이렇게 염치없는 글을 씁니다.

그땐 TV에서 조금씩 흘려보내는 어수선한 가십들을 보면서도 부정적인 감정에 나도 모르게 물든다는 자각을 하지 못했습니다. 그러다 세월호라는 광풍이 불고 그들이 짜놓은 감정의 푸닥거리에 같이 선동되었습니다. 있지도 않은 태블릿에 이성을 잃고 분노를 쏟아내었습니다. 누군가가 인위적으로 끌어올려 투사된 분노의 결과가 이렇게 무시무시한 결과로 나타난다는 걸 깨닫기까지 어리석은 국민은 3년이나 걸렸습니다.

우연한 계기로 한 유튜브 방송을 보고 진실은 내 좁은 시야의 밖에 존재하고 있었다는 것을 알았습니다. 좁은 내 시야가 허구의 프레임을 전부라고 착각했구나, 깨달으며 틀을 부수고 나올 수 있었습니다. 진실은 저를 자유롭게 한 것이 아니라 괴롭게 만들었습니다. 이미 정신병 같은 광풍으로 이 나라의 지도자는 모든 걸 잃고 구금되어 있었습니다. 빨갱이니 공산당이니 좌익이니 하는 것들은 그저 정치 유머로만 취급했는데 지금에 와서야 찬물로 머리를 헹군 것처럼 정신이 번쩍 들었습니다.

자유주의 시장경제를 부정하는 경제 정책, 기회의 균등을 핑계 삼은 자율 경쟁의 억압, 우리의 주권유지 약화와 우방과의 관계 악화, 북한 인권문제의 묵인과 자유민주주의의 부정. 염치도 양심도 없는 이들이 제 세상을 만난 듯 그들만의 계급주의 사회를 만들어가고 있습니다. 너무 늦은 자각이었구나, 내가 진실을 추구하지 않고 게으르게 관망한 대가구나, 정말 참담한 심경입니다.

아직 희망은 눈에 들어오지 않습니다. 사기 탄핵에 가담한 이들은 반성은커녕 깜냥도 되지 않으면서 권력을 휘두르며 돈을 찾아 헤매는 하이에나가 되었습니다. 대통령님의 수호부대를 자처하던 우리공화당 역시 순수함이 의심될 정도의 비정상적인 행보를 취하고 있습니다.

하지만 암담한 현실에서도 희망의 빛을 찾아보려고 합니다. 왜 탄핵이 사기인지, 무엇이 어리석은 백성을 호도했는지 거침없이, 열정적으로 진실을 밝히고 있는 많은 사람들의 눈에서 저는 동토에서도 솟아나는 싹을 보았습니다. 그들 덕분에 뒤늦게 각성한 저도 제가 할 수 있는 전력을 다해 진실을 드러내야겠다고 결심했습니다. 지금 모든 것을 얻었다고 활개를 치는 이들에게 더 이상 무색무취로 존재를 숨기지 않겠습니다.

2020년 1월 23일 김OO

서울시 성북구 성수동

사람은 원래가 불완전한 존재이기에 때로는 잘못된 생각을 할 수 있고, 잘못된 판단도 할 수 있습니다. 다만, 잘못된 생각이나 판단을 반복하지 않기 위해서는 실수를 인정할 줄 알고, 그 오류를 줄여나가는 노력을 해야겠지요. 하지만 일부 사람들은 자신들이 잘못된 결정을 했더라도 인정하기를 주저하고 오히려 합리화 하기에 바쁘지요. 잘못을 인정하는 용기는 아무나 가지지 못하는 것입니다. 돌아보면, 저도 지금까지 한 많은 결정 중에서 때로는 아쉬운 결정도 있었을 것이고 그로 인해 본의든 본의가 아니든 국민들에게 실망을 준 것도 있었을 것입니다. 늦었다고 생각할 때가 가장 빠르다는 말이 있듯이 잘못을 인정하는 순간 더 높은 목표를 위한 발걸음이 시작되었다고 봅니다. 너무 자학하지 마시고 변화는 지금부터 시작된다고 생각하시고 한 걸음 한 걸음 앞으로 걸어 나가시기를 바랍니다.

지금 제가 할 일을 하겠습니다

늦었지만 새해 복 많이 받으시라는 인사부터 올립니다. 새해는 밝았지만 국내 정치 상황은 날로 악화되고 있습니다. 현재 여당인 민주당과 민주당의 2,3중대인 야당들의 야합으로 공수처법, 선거법개정, 검경수사권 조정안 등이 날치기로 통과되고, 자유한국당을 비롯한 소위 보수우파 세력에서는 '통합'이라는 미명 하에 박근혜 대통령님을 사지로 몰아넣었던 배신자들 및 기회주의적 정치인들이 득세하고 있습니다. 또한 우리공화당도 조원진 대표와 홍문종 대표가 서로 갈라서서 이전투구 하는 모습을 보니 대한민국을 사랑하고 자유주의와 법치주의가 굳건하길 소망하는 국민의 한 사람으로서 참담한 심정입니다

저는 12월 중순부터 1월 중순까지 한국에 있다가 다시 프랑스로 돌아왔습니다. 한국에 있는 동안 원숭이들의 조삼모사 같은 정책에 환호하는 모습에 당황을 금할 수 없었습니다. 북한 개인 관광을 허용하겠다는 청와대 인사들의 발언과 주한 미국대사의 콧수염마저 시비를 걸어 조선총독부에 비유하고 반미 감정을 불러일으키는 좌익시민단체들과 언론들 때문에도 눈앞이 캄캄합니다.

올해 11월 말에 박사학위를 꼭 받아 12월에는 도쿄에서 '저항 권력'을 주제로 일본의 헌법학자들 앞에서 발표할 계획을 갖고 있습니다. 유럽의 사례와 한국의 사례를 준비하려고 합니다. 몸 건강히 버텨주세요. 전 이제 소위 우파라는 인사들 아무도 안 믿습니다. 그냥 제 할 일 하면서 제가 믿고 의지하는 예수 그리스도께 의탁할 뿐입니다.

2020년 1월 24일

FRANCE

올해에는 계획하시고 있는 박사학위를 잘 취득하시기를 바랍니다. 님의 말씀처럼 정치인들 중 많은 이들은 이념과 소신이 아니라 자신들의 유불리만을 따져 이합집산하는 행태를 보여 왔고, 앞으로도 그렇게 할 것입니다. 이를 바로잡을 수 있는 것은 오직 국민뿐이라고 생각합니다. 우리 정치도 선진정치로 도약할 날이 올 수 있도록 모두가 노력해야 하겠지요. 앞으로 학자로서 그리고 국민의 한 사람으로서 우리 정치인들에게 길을 열어줄 수 있는 역할을 하셨으면 합니다.

박정희 대통령이 마련하신 산업화의 기틀

이번 조국 사태를 보면서 많은 환멸을 느낍니다. 저에겐 인턴이니 스펙이니 하는 말도 생소하지만 대학이나 대학원 입시에 무엇이 필요한지도 몰랐습니다. 변호사 아들과 치과 의사 며느리는 "아버님은 알아도 백이 없어서 못할 것"이라며 놀려서 씁쓸하게 웃고 말았습니다. 세상 돌아가는 게 정상은 아닌 것 같습니다.

며칠 전 지인이 휴대폰 영상을 몇 장 보내주었습니다. '유비무환' '내 일생 조국과 민족을 위하여' 그리고 '근면절약'이라 쓴 박정희 대통령의 휘호와 영정이었습니다. 오랜만에 보는 것이라 감개무량했습니다. 대통령의 경제 발전 정책에 호응하며 힘을 보태고자 저희들이 수출 역군으로 왕성하게 일하며 무척 애를 쓰던 시절이었습니다. 박정희 대통령께서는 산업 발전을 위해 정책과 제도를 합리적으로 바꾸는 것은 물론 물심양면, 그 어떤 지원도 아끼지 않으셨습니다. 몸소 고생도 많이 하셨던 것을 기억하고 있습니다.

얼마 전 일본에서 만난 분이 박정희 대통령의 입장을 설명해주었습니다. 그분을 친일파니 일본 사관학교 출신이니 하며 비난하는 사람들은 그 시대와 상황을 이해하지 못하는 것이라고요. 그분만큼 나라와 국민을 위해 열심히 일한 대통령이 누가 있느냐고, 지금 나라를 통치한다는 사람들조차 그 혜택을 받지 않은 자가 누구냐고 물었습니다.

박정희 대통령의 업적은 영원히 시들지 않을 것입니다. 그 뜻을 이어받아 대한민국을 위해 일하신 박근혜 대통령을 지지하는 국민도 점점 많아지고 있습니다. 부디 대통령께서는 건강에 유의하시기만을 바랍니다.

2020년 1월 27일 전OO

부산시 동래구 명륜동

자제분들이 모두 나라의 훌륭한 일꾼으로 잘 자라신 것 같습니다. 많은 분들이 제게 불과 60년 전의 우리나라를 생각해보면 지금의 대한민국은 천지가 개벽을 했다고 말씀을 하십니다. 저는 우리 국민의 저력이 이루어 낸 위대한 결실이라고 봅니다. 아버지께서 늘 말씀하시던 "내 일생 조국과 민족을 위하여"라는 말씀이 새삼 가슴 깊이 새겨집니다. 저 역시 제 모든 것을 대한민국에 바친다는 생각으로 지금껏 살아왔습니다. 서신을 통해 소중한 기억들을 회상할 수 있는 시간을 만들어주셔서 감사합니다.

2020년 새해에도 보이지 않는 희망

오늘은 설 연휴의 마지막 날, 구치소에서 세 번째 설을 맞으신다는 뉴스를 보면서 속상하고 답답하기 그지없습니다. 처음엔 무슨 일인지 몰라 놀라기만 했고, 새누리당 의원들의 배신으로 탄핵소추안이 국회를 통과하는 것도 멍하니 볼 수밖에 없었습니다. 그 후 유튜브 방송과 '월간조선' 등의 기사를 찾아보며 뒤늦게 진실을 알고서야 우리 국민들이 바보처럼 당했다는 생각을 하고 있습니다.

법무부는 검찰 수뇌부를 이동시킨 데에 이어 중간 간부들까지 이동시켰습니다. 청와대 관련 의혹 수사팀 책임자들을 모두 좌천시키는 인사를 단행한 것입니다. 많은 언론들도 '전대미문의 검찰청 인사 대학살' '윤석열 고립무원 – 정권수사팀 공중분해'라는 제목을 달아 보도하고 있습니다. 조국 수사와 관련해 최강욱 청와대 반부패 비서관은 세 번의 소환에도 불응했습니다. 문재인의 경희대 후배 이성윤 서울 중앙지검장은 불구속 기소 조차 결재해주지 않았습니다. 윤석열 총장은 담당 차장의 전결로 최강욱을 불구속 기소하도록 지시했는데 법무장관 추미애가 중앙지검장을 건너뛴 날치기 기소라며 감찰하겠다고 했습니다. 이에 대검은 윤석열 총장이 대면 지시와 전화 지시를 했는데도 이성윤 지검장이 항명을 한 것이니 진상규명을 위해 특검을 해야 한다고 했습니다.

요즈음 보수우파의 통합은 자유한국당 황교안 대표를 중심으로 추진되고 있습니다. 며칠 전 어느 유튜브 방송에 나온 김재원 자유한국당 정책의장은 "문재인 정권의 독주와 독재를 막기 위해서는 이번 4.15총선 승리가 필수다."라고 했습니다. 통합추진위원회에는 박형준 전 의원이 위원장으로 추대되었고, 자유한국당 공천관리 위원장은 김형오 전 국회의장이 추대되었습니다. 자유한국당은 없어져야 할 정당이라고 선언한 정치인들도 있습니다. 우리공화당 조원진 의원과 홍문종 의원이 서로 불화한다는 소식도 걱정입니다. 유승민과 통합을 반대한다며 전광훈 목사와 김문수 지사가 창당을 선언했습니다.

한 유튜브 채널에서 4·15 총선 승리를 위해 누구의 뜻이 맞는지 공개

토론을 하자고 제안했습니다. 그에 동조하거나 반대하는 보수 유튜버들도 이런저런 목소리를 내고 있습니다. 또 다른 방송에서는 문재인이 세종시 정부청사에서 국무회의를 주재하며 2032년 남북 공동올림픽 유치를 의결한 것을 비난했습니다. 올림픽에 드는 경비가 많이 들어갈 텐데 오직 북한만 바라는 문재인이 무슨 생각을 하는지 모르겠습니다. 금강산과 개성 관광을 국민이 개별적으로 가도록 추진하겠다는 김연철 통일부 장관도 이해되지 않습니다. 북한 개별관광은 해리 해리스 주한 미국 대사와 의논해야 될 사안인데도 청와대와 민주당은 주권 침해라며 미 대사관이 조선총독부라고 공격했습니다. 이 정권은 중국에게는 한마디도 못 하면서 일본과 미국과의 우호관계는 계속 위협합니다.

대통령께서는 어릴 때부터 청와대에서 생활하셨고 육영수 여사의 타계 후 퍼스트레이디 역할을 잘하셨으며 박정희 대통령의 서거 후에는 오랜 시간 공부한 뒤 마침내 국회의원을 시작으로 당 대표와 대통령까지 당선되셨으니 정치에 대한 식견이 풍부하리라 생각합니다. 비록 지금 자유롭지 못하시더라도 현명한 지혜의 가르침을 우리 대한민국과 보수 국민들에게 전해주시면 좋겠습니다. 많은 독서로 지식과 상식도 많으시고 외국어에도 능통한 분이시니 보수우파가 이길 수 있는 지혜가 대통령께 있을 것 같다는 생각을 자꾸만 하게 됩니다.

며칠 안 있으면 대통령님의 생신이 돌아옵니다. 이번 생신도 구치소에서 맞이하실 것 같아서 속이 상합니다. 어서 빨리 석방되셔서 이 나라 대한민국의 자유민주주의를 지켜주세요.

2020년 1월 27일 김OO

이곳 구치소에서 세 번째 설을 보냈습니다. 3년이라는 시간이 참 빠르다고 느끼시는 분들도 계시겠지만, 이곳의 시계는 밖의 시계와는 다르게 느리게 가는 것 같습니다. 많은 분들이 정치와 관련된 소식이나 이런저런 이야기를 전달해 주고 있습니다. 생각이 있는 야당이라면 이번 총선이 얼마나 중요한 선거인지 잘 알 것이고, 선거에서 승리하려면 어떻게 해야 하는지 알고 있을 것이라 생각합니다. 욕심을 내려놓고 오직 국민만을 바라보면 답은 쉽게 찾을 수 있을 것인데 아마도 그렇게 하지 못할 것 같은 걱정이 드는 것은 저만이 아니겠지요. 답답하지만 어쩔 수 없다고 봅니다.

탈북자들을 북송하다니요!

좀 더 예쁘고 화려한 카드를 사려다 한 푼이라도 아껴서 애국 유튜브 방송 채널에 기부하려고 참았습니다. 한 곳에는 15달러, 또 다른 방송에는 5달러씩 매달 후원하고 있습니다. 내일부터 제가 에어비앤비(Airbnb) 사업을 시작하는데, 돈이 좀 잘 벌리면 기부 금액을 높이고 싶습니다.

미국에서 나고 자란 아들은 지금 아이비(IVY)리그의 한 대학에 다니며 정치학을 공부하고 있습니다. 학부 졸업 후에는 하버드 로스쿨에 가고 싶다는데 잘 되었으면 합니다. 아이는 살아오면서 가장 놀란 것이 있다고 합니다. 얼마 전, 문재인 정부가 탈북자들을 배에 태워 북송해버린 사건입니다. 아이는 "죽을 걸 뻔히 알면서 어떻게 그럴 수 있냐?"며 며칠을 제게 묻고 괴로워했습니다. 그제야 제게 말로 듣기만 했던 문재인 정부의 실상을 완전히 이해한 듯했습니다. 얼마나 놀랐으면 'flabbergasted(크게 놀란)'이라는 단어를 쓰더군요.

북한은 망할 것입니다. 선을 넘었고, 미국이 도저히 가만히 둘 수 없는 상태까지 갔습니다. 중국도 홍콩과 대만 문제에 이어 엎친 데 덮친 격으로, 최근 우한 지역에서 발생한 전염병 때문에 정신을 못 차리고 있습니다. 북한의 멸망은 시간문제인 듯합니다. 그래도 걱정이 되는 것은 종북과 손잡고 대통령을 탄핵한 김무성, 유승민 같은 놈들이 아직도 설쳐댄다는 점입니다. 그놈들을 패 죽이고 싶은데 힘이 없으니 성당에 가면 "그놈들 좀 뒤지게 해주세요." 하고 기도한답니다.

미국의 시민권자여서 이곳의 투표 방식을 경험한 제 눈에는, 우리나라는 국민의 권리가 인터셉트(intercept) 당한 상태입니다. 여기서는 정당의 추천이 아니라 교육위원회나 시의회에서부터 개인 자격으로 출마해 정치를 시작해서 커 나갑니다. 저도 원하면 출마할 수 있어요. 국민이 아무리 아니라고 해도 줄만 잘 서면 공천을 주고 자리를 얻는 관행은 끊어야 합니다.

부디 강건히 버티셔서 이 나라를 바로잡아 주세요. 당 추천이나 비례대표 없이 누구나 개인 능력으로 국민의 선택을 받아 당선되어서 올라오는 방식으로, 정치판을 개혁해주세요. 사랑합니다. 존경합니다.

2020년 1월 27일 조OO

USA

저도 여러분들이 보내주시는 편지로 탈북한 북한 주민 두 명을 북한으로 돌려보냈다는 사실을 알게 되었습니다. 참담하다는 말 이외에 달리 할 말이 떠오르지 않았습니다. 이들 탈북자들이 어떤 경위로 우리나라에 오게 되었는지, 정부 당국이 이들을 돌려보낸 정확한 이유가 무엇인지 지금으로서는 잘 알지 못하지만, 세상에는 비밀이 있을 수 없고 시간이 지나면 다 밝혀질 것으로 생각합니다. 교포분들이 고국을 걱정하시는 마음이 더 애잔하게 느껴져서 저도 안타깝습니다. 새해에는 뜻하신 대로 모든 일들이 이루어지시기를 바랍니다.

69세 대통령의 생신

예순아홉 번째 생신을 진심으로 축하드립니다. 옥중에 계신 대통령님의 생신을 축하드리는 것이 가슴 아프고 죄송스럽습니다. 오늘은 우리 쌍둥이 외손자들과 제가 보내는 하루 일과를 전해드리려고 합니다. 이 놈들이 초등학교 6학년이 되었어요. 같이 살고 있지 않아서 오후 2시쯤 하교 시간에 맞추어 딸네 집으로 출근하여 간식을 만들어 먹이고 서너 시경에는 학원에 보냅니다. 간식은 외할아버지인 제가 직접 만들지요. 떡볶이, 김밥, 과일주스나 마트에서 파는 간편식 등을 이용합니다. 일주일에 세 번은 학원에서 돌아온 아이들에게 저녁도 만들어 먹입니다. 김치볶음밥, 비빔밥, 생선구이, 청국장, 삼겹살 구이 등으로요.

이놈들이 할아버지 요리 솜씨가 제일이라고 엄지 척! 하지요. 맛있게 먹어 주면 즐겁습니다. 식사 후 아이들이 샤워를 하고 나오면 어미가 오고, 저도 딸네 집에서 퇴근을 하게 됩니다. 어떨 땐 귀찮고 힘들지만 기분은 좋습니다. 이렇게 손자들과 하루를 보내는 것이 노후의 행복 아닌가 싶어요. 우리 대통령님도 이런 소시민의 삶을 사셨다면 어땠을까, 궁금하기도 하고 마음 아프기도 합니다.

2020년 2월 5일 고OO

서울시 서초구 서초동 대산빌라

"소시민의 삶을 사셨다면 어땠을까, 궁금하기도 하고 마음 아프기도 합니다."라는 글귀가 오랫동안 제 머릿속에 맴돌았습니다. 돌아보면 저의 삶은 늘 공적인 삶이었지 않았나 하는 생각이 듭니다. 대통령의 딸이었고, 어머니를 흉탄에 여읜 후 퍼스트레이디의 삶을 살았으며, 국회의원과 대통령이었던 정치인으로서의 삶, 모두 평범하지 않았습니다. 정말이지 단 한 번도 소소한 행복을 느낄 시간이 없었던 것 같습니다. 하지만 그것도 제가 짊어져야 할 운명이라고 생각합니다. 보내주신 글을 읽는 내내 쌍둥이 외손자들과의 행복한 일상이 눈앞에 그려졌습니다. 정말 부럽다는 생각을 가지면서 감사한 마음으로 잘 읽었습니다.

정말이지 단 한 번도 소소한 행복을 느낄 시간이 없었던 것 같습니다. 하지만 그것도 제가 짊어져야 할 운명이라고 생각합니다.

국민은 통곡할지라도 웃어주세요

입춘이 지났는데 올겨울 들어 가장 추운 날씨에요. 대구는 영하 8도입니다. 그곳은 더 추우시지요? 조금 있으면 개나리 피고 벚꽃도 활짝 피겠지요. 박 대통령님의 아름다운 모습도 곧 보게 되길 바랍니다. 꿈속에서 대통령님을 몇 번 뵌 적 있습니다.

세상 밖으로 나오시면 맨 먼저 대구로 오세요. 대구 망우공원이나 두류공원에 오셔서 말씀해주세요. 그때 구름떼처럼 모인 대구 시민들이 통곡할지라도 대통령님은 웃으시며 오히려 시민들을 위로해 주세요.

대통령님! 여생을 대구에서 보내세요. 시민들의 사랑을 받으며 행복하게 생활하세요. 대통령님은 역대 대통령들 가운데 가장 아름답고 청렴하고 외국어 잘하는 똑똑한 대통령이십니다. 너무 늦게 펜을 들어 죄송해요. 두서없네요. 건투를 빕니다.

2020년 2월 6일 한OO

대구시 동구 효목동

대구는 1998년 제가 처음 정치를 시작한 정치적 고향입니다. 고향을 떠나온 사람들이 객지에서의 삶에 지치고, 외로움에 견디기 힘들어지면 어릴 적 자신이 뛰놀던 고향에 대한 그리움이 더 강해진다고 들었습니다. 저 역시 힘든 정치 여정에서 지치거나, 마음의 위안이 필요할 때에는 고향인 대구를 생각하면서 힘을 얻곤 했습니다. 특히 이곳에서 힘들다고 느낄 때마다 어머니의 따듯한 품속 같은 대구에 대한 애틋한 그리움은 제 가슴에 밀물처럼 사무쳐 오곤 했습니다. 언제나 저를 믿고 지지하면서 용기와 힘을 보태주셨던 대구 시민 여러분을 꼭 다시 찾아뵙겠습니다. 추위에 건강 잘 챙기시길 바랍니다.

9살 손녀와 함께 나온 집회 현장에서

오늘도 저희는 탄핵 무효를 외치고 있습니다. 대통령님, 보고 싶어요. 손이 시려서 글씨가 안 써집니다. 대통령님만 생각하면 가슴 아프지만, 만나 뵐 날 기다리면 너무 행복합니다. 아홉 살 먹은 손녀를 데리고 집회 나왔는데 박근혜 대통령님을 직접 뵙고 싶다고 말합니다. 매주 같이 나오면서 대통령님을 간절히 기다리고 있습니다. 몸 건강하시길 빕니다.

2020년 2월 10일 박OO

울산시 중구 성남동

바깥 날씨가 매우 춥다고 들었습니다. 글씨가 안 써질 정도로 시리셨던 손으로 편지를 쓰셨다는 말씀에 큰 감동을 받았습니다. 건강 잘 챙기시길 바랍니다. 좋은 날이 오면 시렸던 그 손을 꼭 잡아드리고 싶습니다. 손녀의 작은 손도 함께…….

좋은 날이 오면 시렸던 그 손을 꼭 잡아드리고 싶습니다.
소녀의 작은 손도 함께....

국가의 운명과 국민의 운명

건강이 걱정됩니다만, 박근혜 대통령님은 누구보다 행복한 분이라고 저는 생각합니다. 처음에는 주변의 배신자와 문재인 정권을 무척 원망하고 증오했지만, 지금은 그렇지 않습니다. 저는 많은 것을 깨달았습니다. 국가의 정치 운명은 국민의 운명이고, 국민의 운명은 나라의 운명입니다. 훌륭한 대통령을 맞이하면 나라가 발전하고, 그런 나라에서 편하게 잘사는 것도 국민의 복이며 국가의 운명입니다. 반대로 나라가 망하려면 국민들이 고통스럽게 살든 말든 자기만의 영달을 위하여 방법과 수단을 가리지 않는 정권이 들어섭니다. 그런 정권 하에 사는 것도 국가적인 차원에서는 국민의 운명이라고 생각합니다. 국민들의 자업자득이지요. 누구를 원망하겠습니까?

역사를 보면, 난세에는 간신들이 마치 성인군자처럼 위장하고 날뛰며 권력을 쥐고 세상을 어지럽게 합니다. 그리하여 나라가 쇠퇴합니다. 그러나 진실과 허상은 시간의 흐름에 따라 나타납니다. 박근혜 대통령이 왜 행복하다고 하는지 아시겠지요. 대통령께서는 오직 사심 없이 나라와 국민을 위해 열심히 일하셨기 때문입니다. 그래서 추운 날씨와 불순한 날씨를 가리지 않고 지금도 서울은 물론 전국 방방곡곡에서 대통령을 그리워하는 분들이 주말마다 모여들어 시위를 하는 것입니다. 옛날 말로 하면 충신들이 그렇게 많습니다. 우리 대통령님은 행복합니다. 그렇다고 대답하여 주시면 고맙겠습니다.

쟁취하여 권력을 잡은 자들은 권력이 무너지면 주변 사람은 물론 국민의 마음도 다 떠나갑니다. 그러나 박 대통령께서는 지금 권력도 없고 힘도 없습니다. 오히려 가장 낮은 곳에 계시는데도 불구하고, 엄청난 수의 국민들은 아무런 대가를 바라지 않고 대통령을 따르고 있습니다. 대통령께서는 그간 쌓은 덕이 많으시고 선정을 베푸셨기 때문에 국민이 좋아하고 애달파합니다.

대통령님, 죄송한 말씀을 드리겠습니다. 이명박 전 대통령도 옥고를 치르고 있지만 국민들은 무관심합니다. 그런데 날마다 '박근혜 만세' 소리가 이 나라에 끊이질 않습니다. 역사는 정의가 준엄한 판단을 해줍니다. 신문을 보니 여당에서까지 유승민 국회의원을 기회주의자라고 비판하고 있습니다. 머지않아 간신배 무리들은 스스로 비참하게 될 것입니다.

우리 역사상 가장 훌륭하신 이순신 장군께서는 그 시절 그때 얼마나 외롭고 고통스러웠겠습니까. 오직 나라를 위하여 목숨 걸고 싸워 왜적을 물리쳐 백성을 구하셨지만, 간신배 무리들이 모략하여 옥고를 치렀습니다. 하지만 세월이 흘러 후손들이 이순신 장군의 애국심을 다 알게 되었고 이제는 존경 받으며 교육의 지표가 되었습니다.

우리 대통령께서도 지금 견디는 이 시간이 힘드시겠지만 혼자의 몸이 아닙니다. 헤아릴 수 없이 많은 국민들이 애정을 갖고 사랑하고 존경하고 있다는 점을 생각하세요. 지금 계시는 그곳이 이순신 장군같이 후대에는 반드시 훌륭한 지표가 될 수 있는 곳이 되리라고 저는 확신합니다. 대통령님은 역사의 최고 지도자 중 한 분이십니다.

박근혜 대통령님, 지금 나라가 너무 어수선합니다. 상세한 말씀을 안

드려도 잘 알고 계시다고 생각합니다. 제 나이는 78세랍니다. 아침마다 6시 반에 기상하여 바닷가를 중심으로 약 한 시간 반을 운동하면서도 대통령님 생각을 하면서 건강을 기원하고 있답니다. 올겨울에는 기후의 변화로 그리 많이 오던 눈도 전혀 보지 못했습니다. 세월은 참으로 속절없이 빠르게 가는 것 같습니다.

대통령께 올리는 글월과 글씨가 너무 서툴러서 세 번 만에 이만큼 썼습니다. 작년 8월 20일 밤, 제 꿈에 대통령께서 저희 집에 오셔서 제가 많이 울었습니다. 우리 대통령, 건강하고 또 건강하셔야 합니다.

2020년 2월 11일 조OO

강원도 고성군 죽왕면

세 번씩이나 편지를 고쳐 쓰셨다는 정성을 온몸으로 느낄 수 있어서 님의 말씀처럼 행복했습니다. 국민들이 보시기에 부족한 부분도 많이 있었겠지만, 저는 모든 국민이 걱정 없이 일상을 살아가면서, 자신의 꿈을 성취하는 행복감을 느낄 수 있는 나라를 만드는데 모든 정책의 초점을 맞추었습니다. "오직 사심 없이 나라와 국민을 위해 열심히 일하셨기 때문입니다."라는 글을 읽으면서 저의 진정을 알아주시는 분이 있다는 생각에 정말 감사했습니다. 비록 영어(囹圄)의 몸이지만 제 곁에는 많은 국민이 함께하고 있다는 생각으로 하루하루를 보내고 있습니다. 글에서 쓰신 대로 매일 아침 바닷가에서의 운동을 쉬지 말고 하셔서 항상 건강하게 살아가시길 바랍니다.

대한민국 수호 예비역 장성단 12명의 다짐

엄동설한에 불편한 환경 속에서 옥고를 치르시느라고 얼마나 고생이 많으십니까? 대통령께 송구한 마음으로 글을 올립니다. 저희는 지난해 1월 30일 현 문재인 정권의 폭정에 대항하고 좌경화 되어가는 대한민국을 지키기 위해 육·해·공·해병대 예비역 장성 약 900여 명으로 결성된 대한민국 수호 예비역 장성단(약칭: 대수장)의 공동 대표들입니다.

저희가 이렇게 글을 올리게 된 것은 현재의 난국을 타개하고 자유 대한민국을 지켜내기 위해 국군통수권자로 여전히 저희들 마음에 남아계신 각하께서 도와주실 일이 있음을 보고 드리고 도움을 간원(懇願)드리기 위해서입니다.

먼저, 각하의 진심을 담은 '대국민 격려'의 말씀을 해주시면 좋겠습니다. 물론 일부 국민에 대해서는 서운한 점이 있을 줄 아오나 문 정권 폭정 아래에서 고군분투하고 있는 선량한 국민들을 향해 넓은 아량으로 포용해 주신다면 국민들의 사기가 한층 올라갈 것이고, 국민들은 각하의 진면목에 감동하여 일순간에 무섭게 뭉칠 것입니다.

또 한 가지는 국민 대통합과 공산정권 타도를 위해 일익을 담당하시겠다는 강한 의지를 국민들께 표명해주신다면 더없이 큰 힘이 될 것입니다. 국민 다수는 문재인 치하에서 공산주의자들의 위선과 무능과 무기력에 치를 떨고 있습니다. 이런 시기에 각하께서 공산정권 타도를 위한 국민 대통합을 호소하는 강력한 대국민 메시지를 표명하신다면 자유화 운동이 봇물 터지듯 일어날 겁니다. 대국민 메시지에 대국민 격려와 국민 대통합과 공산정권 타도를 호소하면 안으로는 우리 국민들을 무섭게 뭉치게 하고, 공산주의를 반대하는 우리의 동맹국과 우방국들의 절대적인 지지도 획득할 수 있을 것입니다.

아직도 우리는 박정희 대통령을 추앙하는 부하들입니다. 편지로 보내는 두 가지 건의는 선친의 부하들이 각하께 절박하게 보고하는 것이니 반드시 수용해 줄 것을 간청합니다. 각하께서 우리의 간청을 들어주시면, 국민 대통합의 결정적인 계기가 될 것이고, 자유 우파가 단단하게 뭉쳐서 반드시 이 악랄한 주사파 무리들은 4·15 국회의원 선거에서 심판할 것이며, 좌파 연합 정권의 영구집권과 영구 공산화 음모를 무산시킬 것입니다.

각하, 이제 분노의 념(念)을 거두고 자유 대한민국을 다시 살리는 일에 힘을 실어 지도해 주십시오. 자유 대한민국을 다시 찾는 그 날까지 강녕하시길 빕니다. 대한민국 수호 예비역 장성단 12명의 대표는 각하의 무죄 석방을 염원하면서 이만 줄입니다.

大韓民國守護豫備役將星團 共同代表

2020년 2월 13일 대수장 공동대표 12명

먼저, 예비역 장성 여러분들의 국가에 대한 헌신에 감사를 드립니다. 여러분의 노고에 힘입어 오늘날 우리 대한민국의 발전이 있었다고 생각합니다. 여러분들이 제게 주신 말씀은 무겁게 받아들이겠습니다. 제가 대한민국을 위해 할 수 있는 일이 있다면 할 것입니다.

국가를 위한 마지막 의무

오늘까지 1050일, 어느덧 입춘이 지나 봄기운이 느껴지지만 억울한 영어의 몸으로 병마와 싸우는 대통령님을 생각하면 민초의 가슴에는 피멍이 듭니다. 지금 대한민국의 자유민주주의를 지키고 국체를 지킬 분은 오로지 대통령님 한 분뿐입니다. 모든 희망과 기대가 대통령께 있음을 아시고 부디 강건하십시오. 대통령의 뒤를 따를 것입니다.

암흑과 같던 2016년 하반기가 어제 같은데 세월은 하염없이 흘러 오늘까지 대통령을 역사의 볼모로 잡고 대한민국을 서서히 수장시키며 사회주의화로 가고 있습니다. 그래도 대통령이 계시기에 민족의 등불이 꺼지지 않고 명맥을 유지하며 국민의 분노가 용암처럼 끓어오르고 있습니다.

4·15총선이 눈앞에 다가오니 탄핵의 부역자와 주사파가 한 몸통이 되어 피아 구분 없이 현 정국을 주도하고 있습니다. 감히 '애국'을 입에 담고 태극기 국민을 '극우'라 평하며 매국의 길로 가고 있습니다. 그런데도 이 시대의 지성이라는 거대 언론들은 그들과 한통속인 것인지, 아니면 대통령을 탄핵한 원죄가 두려워 두 눈을 가린 것인지 일관되게 묵묵부답으로 방관하는 모습에 가슴이 무너져 내립니다.

대통령님의 침묵과 옥중 투쟁이 이 시대의 가장 큰 힘이며, 대한민국의 국운이 남아 있음을 증명하는 역사의 뿌리입니다. 대통령님이 승리하는 그날까지 민초는 죽을 수도 병들어 누울 수도 없습니다. 임진왜란과 6·25전쟁 시 몸을 던져 전선을 사수한 것은 고관대작이 아니었습니다. 가난한 백성들이요, 어리석은 민초들이었습니다. 대통령께서 견디고 계신 고통의 시간은 지금도 계속되고 있는데 머리에 먹물든 자와 사회의 지도자라는 이들은 정의에 눈을 감고 있습니다. 오직 일신의 안위와 출세 영달에만 눈이 멀어 국가의 엄청난 비극을 애써 외면하는 걸 보고 있자니 너무나 원통하고 분한 마음입니다.

고희를 넘긴 어리석은 백성이 대통령님 구원에 힘이 될 수 있을지 모르겠으나 살아온 세월의 경험과 앞을 보는 안목이 조금은 있기에 절대로 대통령님을 잊고 눈을 감는 인간은 되지 않을 것입니다. 살아있는 인간으로 해야 할 의무가 있기에 대통령님을 위하고 국가를 위해 마지막 의무를 하고자 합니다.

건국 이후 이처럼 장엄하게 태극기를 든 백성의 물결을 본 적이 있으십니까? 모두가 한마음으로 삼 년을 하루같이 대통령의 억울함에 스스로 분노한 백성들입니다. 지금은 태극기 국민도 사분오열되어 있으나 언젠가 대통령의 한 말씀에 다시 하나로 뭉치고 따를 것이오니 희망과 용기를 가지시길 마음속으로 진심으로 기원합니다.

대통령님 같이 순수한 열정으로 국민을 사랑한 지도자는 없습니다. 민심이 천심이란 옛말처럼 민심의 바탕에 대통령이 계시기에 민초는 희망의 끈을 놓지 않고 있습니다. 그날이 머지않아 반드시 올 것입니다. 부디 강건하시어 오늘의 국난을 극복할 지도자로 다시 일어나셔서 모든 국민의 손을 잡아주시길 간절히 바랍니다. 그날이 오길 진심으로 기대합니다.

2020년 2월 13일 정OO

서울시 강동구 천호동

일흔이 넘으신 연세임에도 옥외 집회에 참가하신다고 하니 우선 건강이 걱정됩니다. 절대 무리하지 마시기를 바랍니다. 모든 것이 때가 있고 그 때를 기다리는 것도 중요하다고 생각합니다. "살아있는 인간으로 해야 할 의무가 있기에 대통령님을 위하고 국가를 위해 마지막 의무를 하고자 합니다." 글을 읽으면서 가슴 한구석이 뭉클해졌습니다. 좋은 모습으로 뵐 날까지 건강에 유념하시길 바랍니다.

목련나무에 매달린 메마른 나뭇잎처럼

경자년 봄의 따사로운 온기가 느껴지는 날씨입니다. 이곳 충령사 길바닥에는 벽돌의 틈새로 새싹들이 올라오고 있습니다. 앙상한 목련나무에는 나뭇잎 두세 장이 바람에 흔들리면서도 가지를 악착같이 붙잡고 있습니다. 떨어지지 않으려 몸부림치는 마른 잎들이 자유민주주의를 지키려는 애국 국민들의 몸부림이 아닐는지요.

지난 2월 10일은 국민의 생명과 재산을 지키기 위하여 개성공단 가동을 중단시키신 지 4년이 되는 날이었습니다. 독재정권은 갈수록 노골화되어가고 있습니다. 이제라도 정신을 바로 차리지 않으면 자유민주주의가 사라지고 지금의 권력자가 모든 것을 지배하게 될 것이라 생각하니 암울합니다. 한 번도 겪어보지 못한 법치 부재의 세상을 살고 있는 국민들의 저항과 함성이 그나마 하늘에 닿으리라 믿고 싶습니다.

존경하고 보고 싶은 대통령님, 어깨 재활은 잘 하고 계신지요? 즐겁고 기쁜 소식을 전해드리려고 아무리 찾아도 보이지 않아 아쉽기만 합니다. 그래도 애국 국민들은 대통령님을 생각하며 하루하루 열심히 살아가고 있습니다. 대통령께서도 무너져 내리는 이 나라를 위하여 건강을 잘 챙겨주시길 간곡히 부탁드립니다. 사랑합니다. 하루빨리 뵙고 싶습니다.

2020년 2월 14일 구OO

수술받은 어깨의 재활운동은 나름대로 열심히 하고 있지만, 나이 탓인지 조금 더디게 호전되고 있습니다. '바람에 흔들리면서도 떨어지지 않으려 몸부림치는 마른 잎들이 자유민주주의를 지키려는 애국 국민들의 몸부림이 아닐는지요.'라는 구절을 읽으면서 오죽 답답하셨으면 이런 글을 쓰셨을까? 하고 안타까웠습니다. 아시다시피, 우리 대한민국은 위기 때마다 국민들이 합심하여 위기를 극복하고 더 발전을 시켜온 나라입니다. 따라서 우리가 지켜온 자유 대한민국은 그 어떤 세력도 무너뜨릴 수가 없을 것입니다. 편지를 읽으면서, 워싱턴에 있는 한국전쟁 기념공원을 방문했을 때, 그곳 기념비에 새겨져 있던 '자유는 공짜가 아니다'(Freedom is not free)라는 글귀가 생각났습니다.

어학의 퀸! 외교의 퀸! 우리 대통령

영국 황실 초청으로 만찬회장에 들어서는 차량에서 내리실 때 한복 치마가 발에 걸려서 차 밖으로 넘어지는 아찔한 순간, 대통령께서는 당황하지 않고 태연한 자세로 일어서시면서 "Dramatic Entry."(극적인 입장)라는 운치있고 센스있는 유머를 사용하여 주위 사람들을 안심시키셨습니다. 위급한 상황에서도 지혜롭게 대처하시는 대통령의 침착하고 교양 있는 성품을 엿볼 수 있는 대목이었습니다. 무엇보다 그런 위기 상황에서도 영어로 유머가 자연스럽게 나올 수 있었던 것은 대통령께서 평소 교양을 쌓고 몸과 마음을 수련했다는 증거입니다.

만찬을 마치고 나오실 때는 "Quiet Exit!"(퇴장은 조용히!)라고 또다시 재치 있는 유머를 사용하여서 참석자들을 웃게 만들었습니다. Dramatic Entry! Quiet Exit! 외교사에 영원히 기억될 인상적인 명언입니다.

영국 방문 중 대통령님은 영어로 답사를 하셔서 참석자들과 영국 국민을 감동시켰습니다. 세계 지도자들을 자극하여 일본의 아베 수상도 이후 해외 방문 시에는 영어로 연설하는 것이 관행이 되었습니다. 대통령께서 모국어와 함께 영어, 프랑스어, 스페인어, 중국어 등 5개 국어를 구사하는 어학의 퀸(Queen, 여왕)이라는 것은 자타가 공인하는 사실입니다. 우리 국민으로서는 존경스럽고 자랑스러운 일입니다.

대통령님은 해외 방문할 때면 그 나라의 여야 지도자들을 통역 없이 두루두루 만나고 대화를 나누시면서 국격을 높이고 국위를 선양하셨습니다. 대통령께서 외교의 여왕이라는 것을 다시 한번 입증한 것입니다. 만찬회장에서 보이셨던 한복차림도 대한민국의 아름다움과 한국 여성의 우아함을 세계에 과시한 것입니다. 한복은 대통령님의 아름다운 품성과 품격을 잘 표출하는 것 같습니다. 어학의 퀸! 외교의 퀸! 한복의 퀸! 대통령님을 칭찬할 수식어는 헤아릴 수 없습니다.

이제 차가운 겨울은 지나가고 태양이 가까워지는 봄이 오고 있습니다. 진실은 반드시 밝혀지고 정의는 반드시 회복될 것입니다. 편안한 마음으로 기다려 주십시오. 마지막으로 영국의 경제 재건을 이룩한 철의 여인, 대처 수상의 시원한 말 한 마디를 인용하면서 편지를 마치겠습니다. "홰를 치며 우는 것은 수탉이지만 알을 낳은 것은 암탉이다."

2020년 2월 17일 조OO

경상남도 창원시 합포구 신포동

"홰를 치며 우는 것은 수탉이지만 알을 낳은 것은 암탉이다." 재미있는 말입니다. 흔하게 사람들이 하는 말 중에 '세상을 지배하는 것은 남자이지만 그 남자를 지배하는 것은 여자다'라는 말도 같은 의미가 있는 말이라고 생각합니다. 며칠 있으면 "차가운 겨울이 지나가고, 태양이 가까워지는 봄이 오고 있다"는 님의 말씀처럼 개구리도 겨울잠에서 깨어난다는 경칩입니다. '우수와 경칩이 지나면 대동강 물도 풀린다'라는 말처럼 모든 것이 순리대로 풀리는 날이 올 것입니다.

마법 같은 승리를 꿈꾸며

길고 지루했던 겨울이 물러가나 싶더니 어제 저녁에는 마지막 인사라도 하듯 흰 눈이 펑펑 내렸습니다. 눈 쌓인 길을 걸으며 잠시 감상에 젖다보니 그토록 춥던 작년 겨울, 제 작년 겨울이 생각났습니다. 당시 그 많은 태극기 시민들은 어떻게 대여섯 시간, 그 시린 아스팔트 위에서 견딜 수 있었던 것일까요.

지난 2월 15일에도 태극기 집회에 나갔습니다. 처음 참석했을 땐 어색하기도 했고 무엇보다 몸이 힘들었다는 걸 부정하지 못하겠습니다. 그래서 너무 춥고 힘들면 행진 도중에 빠져나가야지 하는 생각을 했지요. 그런데 마법 같은 일이 생겼습니다. 연세 지긋하신 할머니 한 분이 지나가시다가 제 손에 대통령님 사진이 붙어 있는 피켓을 거의 안기듯이 손에 쥐어주고 가시는 게 아니겠어요. 저는 뜻밖에 떠맡은 피켓을 어찌하지 못해서 제 의사와 상관없이 행진이 끝날 때까지 함께하게 되었습니다. 그 첫 번째 행진이 아니었다면 두 번째도 세 번째도 하지 못했을 것입니다. 실천하는 지성이 얼마나 힘든지는 직접 부딪혀보지 않으면 알지 못한다는 걸 깨닫습니다.

저는 2019년 겨울 느지막이 되어서야 진실을 마주했는데 진실을 제대로 알기 전까지 긴 시간, 사람들의 무지와 오해 속에서, 심지어 국회와 사법부의 왜곡과 탄압에도 불구하고 신념을 따라 묵묵히 걸어가는 이들을 바라보기만 했습니다. 그러다 탄핵이 옳지 않다는 것을 처음 인식했던 날은 저의 세상이, 제가 알고 있던 익숙한 세계가 단번에 뒤집히는 순간이었습니다. 하지만 실행하지 않는다면 제대로 아는 게 아니라는 말이 있듯이, 분명 기존의 지각을 뒤집는 진실을 받아들였는데도 저는 눈앞에 닥친 추위와 피곤함에 뒷걸음질 치려고만 했습니다. 지금 생각하면 첫 행진에서 저에게 피켓을 쥐어준 할머니는 저의 미약한 실천력을 담금질하기 위해 어떤 에너지가 보낸 마법 같은 기적이 아니었을까 합니다.

작가 엘리자베스 길버트는 어느 강연에서 자신의 성공 비결은 창의적이고 독창적인 아이디어가 불현듯 찾아왔을 때 얼른 붙잡아 작품 속에 발현시키는 것이라고 말했습니다. 그는 공기처럼 주위에 가득한 창작 에너지를 자신의 것으로 만드는 힘을 '마법'이라 불렀습니다. 누구에게나 일어날 수 있지만 아무나 할 수 없는 그 마법은 꿈을 잃지 않고 매일 매일 실천하는 사람에게만 가능합니다.

사람에 따라 그 에너지를 부르는 명칭이 다르겠지만 저는 '그릇'이라 말하고 싶습니다. 아무리 놀랍고 경이적인 생각도 담을 능력이 안 되는 자는 놓쳐버릴 수밖에 없습니다. 제가 남들보다 3년이나 늦게 자각하게 된 건 냉정하게 판단하건대 제 그릇이 작고 미약했기 때문입니다. 하지만 늦게나마 담아낸 진실이 우리 세상과 제 인생에 의미있는 변화를 일으킬 수 있도록 부단히 노력해보려 합니다.

현실이 녹록해 보이지는 않습니다. 사기 탄핵 세력들은 미디어를 손에 넣고 일반인의 눈과 귀를 막은 채 내각제 개헌을 시도하고 있습니다. 심지어 연방제 개헌도 서슴지 않으려 하고 있습니다. 암담한 현실을 마주할 눈을 가지게 되었으나 아직 이들을 저지할 손과 발을 가지지 못한 것이 한탄스럽습니다. 제가 무지를 핑계삼아 편안하게 허송세월한 삼년, 너무나 멀리 떠내려온 건 아닌가, 그래서 돌아갈 수 없는 건 아닌가, 두렵기까지 합니다.

하지만 저는 이제야말로 진실을 같은 편에 둔 자의 당당함으로 기나긴 투쟁을 시작해보려 합니다. 미약한 노력들이 모여 큰 에너지를 형성하면 반드시 마법과 같은 승리가 일어나리라 믿습니다.

2020년 2월 17일 김OO

서울시 성동구 성수동

눈 내리는 겨울 날씨는 누구에게나 춥고 견디기 어려울 것입니다. 하물며 옥외집회에 참여하신 분들이 느끼는 체감온도는 더 낮고 춥겠지요. "누구에게나 일어날 수 있지만 아무도 할 수 없는 그 마법은 꿈을 잃지 않고 매일 매일 실천하는 사람만 가능하다."라는 님의 말씀처럼 저도 매일 매일 꿈을 잃지 않고 참고 견딜 것입니다. 물이 흐르다가 웅덩이를 만나면 그 웅덩이를 다 채운 후에야 다시 흘러가듯이 모든 것이 채워야 할 때와 흐를 때가 있을 것입니다. 작은 물줄기가 끝내는 바다에 다다르듯이 긴 여정의 끝을 볼 날이 있을 것입니다.

대통령님이 봄과 함께 오실 때, 과거와 같은 우(愚)를 범치 않겠습니다

아이를 키우는 평범한 주부입니다. 이런 사람이 보낸 편지도 읽으실까, 혹은 귀중한 시간을 헛되이 보내시게 하는 건 아닐까 하는 마음이 듭니다. 그럼에도 혹시 이 글을 읽으신다면 과거에 대한 반성과 함께, 나라의 희망찬 미래를 위해 제몫을 하려는 국민이 있다는 사실로 작게나마 힘을 얻으셨으면 좋겠습니다.

탄핵 시절, 많은 국민들처럼 대통령님을 지켜드리지 못해 죄송합니다. 그리고 더 일찍 태극기를 들지 못해 죄송합니다. 저뿐 아니라 많은 국민들이 대통령께 드리고 싶은 말일 것입니다. 고등학교 시절 수녀님과 선생님들로부터 육영수 여사의 훌륭하셨던 인품에 대해 자주 전해 들어 존경하는 마음이 있었습니다.

과거 군무원의 신분으로 제 자리에서 나라를 위해 열심히 일하며 제 일에 충실하면 된다고 생각했습니다. 그러나 나라가 혼란스러울 때 진실을 바로 볼 수 있는 힘이 부족했습니다. 제가 많이 부족했던 탓입니다. 지금 우리는 그 대가를 치르고 있다고 생각합니다. 모두가 철저히 반성하고 다시 올바르게 시작해야 합니다. 그 시작은 아무리 생각해도 박근혜 대통령만이 하실 수 있다고 생각합니다. 시간이 갈수록, 상황이 처절해질수록 선명해집니다.

희망이 보이지 않던 과거와는 달리 요즘은 우리 대한민국에도 봄이 오고 있음을 느끼고 있습니다. 그 봄을 맞기에 아직도 이겨내야 하는 고통이 있지만 분명 그 봄은 확실히 오고 있습니다. 그 봄은 우리에게 대통령이십니다. 그리고 유일한 대한민국의 희망이십니다. 대통령께서 이 봄과 함께 오실 때, 저는 다시는 과거와 같은 어리석음을 범하지 않을 것입니다.

제 아이에게 현재의 상황에 대해 알려주고 있습니다. 아직 중2의 어린 나이이지만 나라의 미래가 될 아이에게 바르게 알려줘야 한다고 생각해서입니다. 또 아이가 이번 4월에 보게 될 시험에 한국사가 포함되어 있기 때문입니다. 걱정된 마음이 크지만 아이가 잘 판단하리라 생각합니다. 이 나라를 살리기 위해 과거 이승만, 박정희 대통령이 그리고 지금도 여전히 우리의 대통령이신 박근혜 대통령께서 어떻게 헌신적으로 일하셨는지를 아이가 생각할 수 있을 것으로 믿습니다.

빠른 시일 내에 대통령님을 뵙고 싶습니다. 그러면 저는 제 위치에서 예전보다 몇 배 더 현재를 올바르게 살 것이며 아이를 잘 키우며 밝은 미래를 만들 수 있도록 열심히 살겠습니다. 박근혜 대통령님이 계시기에 제가, 또 모두가 희망과 미래를 꿈꿀 수 있어 행복합니다. 정말 감사합니다. 항상 건강하시기를 기도하고 또 기도합니다. 솜씨없는 글을 읽어주셔서 감사합니다. 모두가 뵐 수 있는 그날이 올 때까지 안녕히 계세요. 사랑합니다. 대통령님.

*추신: 3월 2일, 새벽 유튜브에서 코로나19에 대한 예방이나 치료에 비타민C가 효과적이라고 합니다. 한국, 미국, 중국 의사들의 연구 결과라 합니다. 아직 공식적인 것은 아니겠지만, 참고하셔서 꼭 건강하셨으면 좋겠습니다.

2020년 2월 29일 백OO

서울시 은평구 증산로

솔직 담백하게, 물 흐르듯이 쓰신 글을 잘 읽었습니다. 이 시대 많은 국민의 생각이 님의 글을 통해 제 가슴에 와 닿는 듯했습니다. 어린 자녀에게 현재의 상황을 설명해주시고 바르게 알려주려 애쓰시는 모습을 보면서, 나라의 미래가 밝게 느껴집니다. 애정 어린 깊은 신뢰를 잊지 않겠습니다.

미국 땅에서 고국을 생각하며

저는 미국 시민으로 고국 대한민국을 사랑하는 애국자인 81살의 할머니입니다. 이기붕 가족이 큰아들의 총으로 사망하던 그 옛날, 한국의 소용돌이 속에서 미국 유학길에 올랐습니다. 집으로부터 동전 한 닢의 도움도 받을 수 없었던 이유는, 오빠가 자유당 시절 야당으로 선거에 출마했다가 패배하고 선거 빚 갚는 데 논의 벼 이삭 한 톨까지 다 넘겨버려야 했기 때문입니다.

그런데도 저는 고등학교 과정을 마치고 서울에 있는 야간 대학에 다녔습니다. 졸업 후에는 친구 오빠의 도움으로 비행기 표를 사서 미국에 왔습니다.(표값은 훗날 갚았습니다.) 저는 일하면서 성실히 공부를 마치고 한국 학생과 결혼했습니다. 교회 생활도 그때 처음 시작했습니다. 그렇게 평생 함께해온 남편이 몇 년 전 천국으로 떠났고 지금은 아들, 며느리와 함께 행복한 나날을 보내고 있습니다.

한국 소식에 얼마나 놀라고 가슴 아팠는지 모릅니다. 대통령께서 탄핵당하셨단 걸 알고 소화도 안 되고 잠도 잘 못 잡니다. 병이 생겨 앓아눕기까지 했지요. 이번에 선거까지 부정이라니 사회가 좌파로 돌아가는 이유를 알 것 같습니다.

나라가 잘살게 되면 윤리가 부패하고 사회가 음란해진다고 성경에 쓰여 있습니다. 옛날의 유럽 또한 잘살던 나라가 몰락의 길로 들어서면 오직 올바른 신앙만이 사회를 다시 일으킬 수 있었지요. 세상에는 진정한 사랑을 나눌 사람이 없어요. 가족 간에도 불화가 있는걸요. 하나님을 진정 믿어 거듭난 사람은 거짓으로 살 수가 없습니다. 이제 한국도 그런 소용돌이를 한번 겪고 나야 정신을 차릴 것 같습니다.

몇 번이나 글을 쓰고 싶었는데 남편을 보내고 이제야 펜을 들었어요. 부디 안전하게 잘 계시다가 나오십시오. 그때는 새 세상이 될 것입니다. 거짓은 언젠가 멸하게 되고 진실만이 이기는 것을 아시잖아요. 건강하세요. 또 연락할게요. 사랑합니다.

2020년 4월 25일 송OO

Minnesota, USA

머나먼 이국의 땅에서 살아가시면서도 고국에 대한 깊은 애정을 잃지 않고 간직하시는 그 마음이 오롯이 느껴져서 제가 먼저 감사하다는 말씀을 드려야 될 것 같습니다. “거짓은 언젠가 멸하게 되고 진실만이 이긴다."라는 말씀은 저도 늘 가슴에 간직하면서 살아가고 있습니다. 이곳 구치소에서의 힘든 생활을 이겨내는 것도 언젠가는 진실이 밝혀진다는 믿음이 있기 때문입니다. 건강 잘 챙기시고 행복한 날들이 되시기를 기도드리겠습니다.

행복한 달 5월에 보내는 카네이션

내일은 어버이날입니다. 어머니의 마음으로 대한민국과 국민을 사랑하는 대통령께 마음으로나마 카네이션을 보냅니다. 건강을 비는 마음이 더욱 간절해집니다. 작금을 생각하면 만감이 교차합니다. 불의와 진실의 긴 투쟁, 그래도 막바지에 다다라가는 느낌입니다. 대한민국의 인내가 임계점에 이르고 있습니다.

연약하게 보였던 진실, 누구도 알아주지 않던 청렴성을 붙들고 모진 모멸 속에도 가시밭길을 택하여 고통을 자처하신 대통령님을 생각합니다. 타협이라는 안락한 길을 외면하신 덕택에 국민이 정의와 진실을 힘차게 외칠 수 있었습니다. 한 사람의 눈부신 삶이 이렇듯 큰 울림과 감동을 자아내고 있습니다. 그렇게 앞으로 나아갈 수 있는 기백이 국민의 가슴에서 솟아나고 있습니다.

대한민국과 국민을 사랑하지 않을 수 없습니다. 마음속에 훌륭한 대통령을 간직한 국민이기에 좌절하지 않고 소망을 안고 결기를 드러내며 궐기할 수 있는 것입니다. 어려움과 혼란을 겪고 있는 다른 나라에는 대통령님과 같은 분이 없어 불의와 싸우면서도 보람이 없고 기약도 없어 의욕이 불타지 않는 것입니다.

혼자 다 감당하셨습니다. 세상을 드는 힘이 있다면 이런 것이겠구나, 이제 국민이 다 압니다. 편지를 드릴 때마다 감사의 눈물이 흐릅니다.

오월은 지상에서 가장 행복한 달입니다. 세상에 오월이 없었다면 아마 지구를 아름다운 별이라고 하지 않았을 것입니다. 바짝 마른 것 같아 눈길이 가지 않던 가지마다 싹이 오르고 능소화도 피고 있습니다. 대통령님의 창가에도 꽃들이 고운 목소리처럼 찾아갈 것입니다.

2020년 5월 7일 전OO

서울시 관악구 봉천동

"연약하게 보였던 진실"이라는 구절을 읽으면서 무슨 말을 해도, 어떤 이야기를 해도 귀를 닫고 눈을 감아버리던 그 시간들이 주마등처럼 스쳐 지나갔습니다. 진실은 누군가 이를 감추려고 해도 감추어지지 않고, 덮어버리려고 해도 덮어지지 않는 것입니다. 저에 대한 사법적 판단이 언젠가는 끝이 나겠지만 또 다른 새로운 발걸음이 시작될 것입니다. 마음으로 보내주신 카네이션 감사하게 받겠습니다.

저도에서 대통령님을 떠올립니다

이제 완연한 봄이 왔나 싶었는데 벌써 여름인가 싶네요. 3월부터 매월 안부 인사를 드리게 되니 저에겐 큰 보람이 생겼고 매월 초가 행복해집니다. 부디 밖의 정치 상황이나 국가의 상황에 심려치 마시고 처음부터 끝까지 건강 관리에만 관심을 가져주시길 부탁드립니다.

4월의 정치 결과를 보면서 정말 한심했습니다. 리더의 부재, 판단력과 의사결정력의 부족은 물론 갈팡질팡 흔들리는 조직력의 결정판을 보았으며 굴러들어온 복을 스스로 걷어차버리는 비통함을 보았습니다. 저는 정치는 잘 모르지만 정치인들이 국민의 마음을 헤아릴 줄 모르면 절대 승리할 수 없음을 절감했습니다.

저는 나라 사랑, 정의로움, 깨끗함을 평소 실천하며 살고 있는 부산 토박입니다. 지난 2월에는 사랑하는 어머님을 하늘나라로 보내드리게 되었습니다. 코로나 상황으로 면회도 자주 할 수 없었고 임종도 지켜보질 못했습니다.

이런 아픔들을 잊고 새롭게 형제자매의 정을 다지기 위해 삼 남매 부부가 통영 욕지 섬에 1박 여행을 다녀왔습니다. 가거대교 밑으로 보이는 저도를 볼 때, 대통령께서 소박한 차림으로 모래사장을 거닐던 모습이 담겨 있던 사진들이 영화 장면처럼 스쳐 지나갔습니다. 항상 국가와 국민들 생각으로 가득 찬 대통령의 모습을 생각할 때면 가슴이 짠해 옴을 느낍니다. 오늘은 잠깐이라도 시련 잊으시라고 저희 집안 이야기를 들려드렸습니다.

괴질병으로 힘든 생활이지만 어느덧 국민들도 적응해가고 있으니 걱정 마시고, 다가올 어려움이 보이는 경제상황도 심려치 마세요. 우리 국민들은 훌륭하니 잘 견디어 나갈 것입니다. 저는 대통령님을 뵐 수 있는 시간이 하루하루 다가오고 있다는 기쁨을 안고 생활하려 합니다. 제 편지를 읽는 짧은 시간이나마 위로의 시간이 되셨길 바라며, 늘 강건하시옵길 기도하겠습니다.

2020년 5월 7일 채OO

부산시

편지를 읽으면서 취임 첫해, 저도에서 보낸 휴가가 떠올랐습니다. 잠시나마 행복했던 시간이었던 같습니다. 개인적으로 휴식을 가져본 기억이 별로 없어 그때 잠깐 동안의 휴식이 새삼 고마웠습니다. 어머님의 임종도 코로나로 인해 지켜보지 못했다고 하시니 그 마음이 얼마나 아팠겠습니까? 심심한 위로의 말씀을 드립니다. 저는 보내주신 편지를 통해 많은 위안을 받았습니다. 감사합니다.

비 내리는 날의 그리움

오늘 아침에는 비가 내렸습니다. 좋아하는 테니스를 하지 못하고 출근해서 오전 업무를 보았습니다. 이제 커피 한 잔을 들고 창가에 서서 비 내리는 거리를 보며 우리 대통령님의 모습을 그리워합니다.

조금 전 어르신 몇 분이 비를 피하려고 사무실에 들어오셨습니다. 그리고 연평도 피격사건에 대한 영상을 찾아 보여주셨습니다. 2013년도 추모 행사에서 헌화와 분향을 하시는 대통령의 모습을 보노라니 눈물이 났습니다.

금주에도 병원을 다녀오신 것 같은데 건강이 많이 안 좋으신지요. 많이 힘드신 것은 알면서도 우리가 할 수 있는 것이 없어 안타깝기만 합니다. 그래도 부디 식사 제대로 하시고 건강 지켜주시어 반드시 이겨내시길 빌겠습니다.

2020년 5월 15일 구OO

대통령으로서의 가장 기본적인 책무는 나라를 수호하고 국민의 생명과 재산을 지켜내는 것이라고 생각합니다. 늘 그랬지만 현충일 행사나 국가를 수호하다가 산화하신 분들의 추도식에 참석할 때마다 그분들의 거룩한 희생이 있어 오늘의 우리가 있다는 생각을 가슴 깊이 새기곤 했습니다. 편지를 읽으면서 당시의 모습들이 떠올라 잠시 상념에 젖어봤습니다. 커피를 손에 들고 창문을 통해 비 내리는 모습을 바라보고 있는 님의 편안한 모습이 떠올라 저도 덩달아 잠시 편안해졌습니다.

새마을운동의 추억

리어카 한 대도 드나들 수 없었던 골목길, 오로지 짐을 나르고 이동하는 수단으로는 등짐과 지게가 유일했던 시골의 삶을 근본부터 바꾼 계기는 새마을운동이었습니다. 경지 정리와 토지 측량이 대대적으로 이루어지며 공유지와 사유지의 개념이 정리되었고 개인 간의 이해충돌도 해소되었습니다.

어디까지가 내 땅이고 어디까지가 국유지, 공유지인지 도무지 알 수 없었던 시절에 도로를 확충하고 마을 길을 넓히는 일은 불가능했습니다. 그래서 정부에서 가장 먼저 시급하게 추진한 것이 측량을 통한 정확한 경계를 확정 짓는 것이었습니다.

하루하루가 참 바쁘게 지나갔습니다. 마치 짜여진 각본대로 무대가 움직이듯 마을은 순서에 따라 변화하고 있었습니다. 비만 오면 물이 넘쳐 범람하던 마을을 관통하는 도랑부터 손을 보았습니다. 공사를 위해 물길을 차단하고 시멘트, 콘크리트 작업이 진행되었고 도랑의 폭도 두 배는 넓어져 한눈에 보아도 더는 물난리를 겪지 않을 것으로 보였습니다. 측량이 끝난 마을 길은 곧바로 포장이 이루어졌습니다. 시멘트 포장과 보도블록이 깔렸고 곳곳에 차와 트랙터와 같은 이동 수단이 지날 수 있도록 다리도 튼튼하게 만들어졌습니다. 무엇보다 마을 사람들의 박수를 받은 것은 넓어진 길이었습니다.

육중한 소방차가 드나들 수 있도록 넓어진 마을 길은 모든 사람들의 자랑이 되었습니다. 해마다 마을 사람들을 괴롭혔던 오랜 숙원사업도 드디어 해결되었습니다. 홍수로 인한 배수와 범람의 문제였습니다. 마을을 우회해서 흐르는 제법 큰 강이 있었는데 큰 비가 오면 마을 사람들은 긴장했습니다. 1972년 여름, 엄청난 비로 큰 피해를 경험했던 터라 일종의 트라우마가 있었습니다. 상류지의 물을 가두어 놓는 역할을 하는 큰 호수를 만들고 그 호수의 물을 일정하게 관리하는 수문을 만들었습니다. 큰 공사였습니다. 물을 가두어 두는 담수지 방벽의 높이는 어른 키의 서너배가 되었고 담수 능력도 가늠할 수 없을 만큼 크고 넓게 만들었습니다.

공사는 비 오는 날도 계속되었습니다. 태어나 처음 보는 엄청난 기계장비들이 들어왔습니다. 포클레인, 불도저, 대형 트럭 등, 태어나 처음 보는 것들이었습니다. 참 신기했습니다. 학교를 파하면 친구들과 공사장으로 달려가 오래도록 육중한 기계장비를 구경했습니다. 꼬박 3개월의 시간이 소요된 마을 댐 공사는 온 마을 사람들과 군수, 면장까지 참여하여 완공식을 가질 만큼 큰 공사였습니다.

마을엔 활력이 넘쳤습니다. 어린 제 눈에 비친 마을과 마을 사람들의 모습은 힘이 넘쳐 나는 듯 보였습니다. 좋은 옷을 입고 즐거운 여행길에 나서는 듯 한 기분 같았습니다. 마을의 댐이 완공되고부터 제 기억에 홍수로 인한 피해는 없었습니다. 누군가의 땀과 열정의 대가로 만들어진 결과물들은 또 누군가에겐 삶을 이어가는 현장이 된다는 사실에 감사했습니다.

호빵처럼 둥글둥글한 초가집이 8할이었던 시골의 작은 마을이 이렇게 새 옷을 갈아입고 활기 넘친 새 출발을 했습니다. 오백 년 느티나무가 지켜 온 마을의 모습은 고즈넉하고 평화롭게 발전했습니다. 비록 면 단위의 소규모 인구와 가구로 이루어진 마을이었지만 무엇 하나 빠짐이 없었습니다. 강건하심을 기도합니다. 다시 뵙겠습니다.

2020년 5월 18일 홍OO

우리나라가 오랜 가난에서 벗어나기 위해서는 물적 자원도 중요하지만, 무엇보다 국민 스스로 우리도 잘 살아보자는 강한 자립의지가 선행되어야 했습니다. 그리고 그 실천과정에서 우리도 하면 된다, 할 수 있다는 자신감이 절대적으로 중요했습니다.

새마을운동은 1970년대 초, 농촌 마을마다 약 300포대의 시멘트를 정부가 지원함으로써 시작되었는데, 이것을 어떻게 활용해서 마을을 개선할지는 주민의 뜻과 손에 달려 있었습니다. 당시에 마을 주민들은 매일 모여 활용방안을 서로 의논도 하고, 필요하면 일부 주민들이 자신의 토지를 자발적으로 희생하면서 스스로 마을 발전의 길을 열어갔던 것입니다. 이러한 과정을 통해 주민들의 소득도 증가하게 되자, 우리도 하면 된다는 자신감을 갖게 되었고, 이러한 성공사례가 다른 마을로, 도시로, 전국으로 퍼져나가게 되었던 것입니다.

이와 같은 새마을운동의 정신은 마침내 세계 최빈국 중의 하나였던 우리나라를 오늘의 모습으로 변모시키는 기적을 이루는 커다란 역할을 하게 된 것입니다. "호빵처럼 둥글둥글한 초가집이 8할이었던 시골의 작은 마을이 이렇게 새 옷을 갈아입고 활기 넘친 새 출발을 했습니다. 오백 년 느티나무가 지켜 온 마을의 모습은 고즈넉하고 평화롭게 발전했습니다."라는 글을 읽으면서 한 마음으로 힘을 합쳐 역경을 이겨낸 우리 국민이 참으로 위대하다는 생각이 들었습니다.

살아 계셔서 감사합니다

매일 매일 집을 나서며 앞산을 바라봅니다. 겨울이면 죽은 듯 메말랐다가 봄이 되어 다시 새롭게 돋아나는 푸른 잎사귀를 보니 때가 되니, 생명이 드러나는구나, 참 신기하다, 생각하게 됩니다. 그리고 저는 오늘 하루도 사랑하는 우리 대통령께서 살아계셔서 문안드릴 수 있다는 사실에 큰 감사와 기쁨과 희망을 느낍니다. 정말 감사합니다.

일전에 큰 수술을 받으셨는데 그간 건강회복은 어떠신지 궁금합니다. 저는 3년 전에 아버님을 암으로 보내드리고 지금은 팔순의 어머니를 모시고 있습니다. 그런데 어머님이 기분 좋은 날엔 잘 참으시지만 우울한 날, 걱정이 있는 날엔 더 아프고 힘들어하시는 모습을 보게 됩니다. 성경에 '마음의 근심은 사람의 뼈를 상하게 한다.'는 말씀이 있습니다. 대통령님의 걱정은 대한민국과 국민이겠지요. 그래도 감사의 마음으로 고통을 견디고 계시리라 생각합니다. 그러면 불편한 육체의 고통도 조금은 덜어지리라 믿고 싶습니다.

성경에 보면 의인은 고난이 많다고 했습니다. 그러나 대통령께서 그간 나라를 이처럼 행복하고 살기 좋게 만들어주셨기에 저와 국민은 자유 속에서 살아가고 있습니다. 희망을 잃어버리면 다 잃어버리는 것입니다. 또한 우리에겐 아직 북녘에 갇혀서 억압받고 고난 받는 북한 동포가 있습니다. 저는 이들에게도 우리가 누리는 자유와 행복을 주어야 할 의무가 우리 대한민국에게 있다고 생각합니다.

깊은 밤이지만 아직 우리에겐 빛이 있고 낮이 기다리고 있습니다. 노모와 함께 항상 저녁 식사 전에 대통령님을 위해 기도드립니다. 모든 염려와 걱정을 하나님께 맡기시고 건강하세요. 운동도 열심히 하시고요. 우리는 승리합니다.

2020년 5월 21일 박OO

경기 성남시 중원구 금광동

"저는 오늘 하루도 사랑하는 우리 대통령께서 살아계셔서 문안드릴 수 있다는 사실에 큰 감사와 기쁨과 희망을 느낍니다. 정말 감사합니다."라고 하신 글을 읽으면서 울컥했습니다. 하루하루가 힘들지 않다고 하면 거짓말이겠지요. 하지만 저는 님과 같은 분들이 보내주신 편지를 읽으면서 위안을 얻고 위로를 받고 있습니다. 그리고 "우리에겐 아직 북녘에 갇혀서 억압받고 고난받는 북한 동포가 있습니다. 저는 이들에게도 자유와 행복의 기쁨을 줘야 할 의무가 우리 대한민국에게 있다고 생각합니다"라는 말씀, 잘 기억하겠습니다.

장마철의 피해가 대단합니다

계속되는 장마 속에 잠시 잠깐 파란 하늘이 얼굴을 빼꼼히 내밉니다. 맑고 깨끗하고 푸르른 하늘을 마주할 때마다 대통령님 생각이 짙어지고, 웃으시는 사진이나 영상을 볼 때면 고운 미소가 간절히 보고 싶어집니다.

똑똑. 정지해버린 듯한 일상생활이 몇 년째 이어지고 궁금한 것도 많으실 텐데…. 많이도 지치고 힘드실 텐데…. 이런 생각이 들면서도 이제야 문을 두드립니다.

대통령님 생각에 몇 자 적다가 멈추어 버리길 여러 번, 대통령께서 석방되시는 날까지 반복되는 인사말일지언정 편지를 쓰겠다던 자신과의 약속은 자꾸 넘어지고 쓰러집니다. 그래도 오늘은 유난히 대통령님이 그리운 하루입니다.

하늘에 커다란 구멍이 났나 봅니다. 연일 쏟아지는 물 폭탄에 많은 지역에서 피해가 발생하고 있습니다. 그런데도 여당과 야당은 이번 피해를 4대강 탓으로, 태양광 탓으로 서로 미루고만 있네요. 부동산 정책의 폐해 등 문제들이 산적해 있는데 우한 폐렴에 물난리까지, 얼마나 더 큰 재앙이 오려는 것일까요. 어둡고 캄캄하기만 합니다. 그래도 어둠을 밝혀줄 한 줄기 빛을 기다립니다. 밝고 따듯한 희망이 되어줄 빛을요.

부디 치료 잘 받으시고 강건하시길 소원합니다. 항상 언제나처럼 잊지 않고 기억하겠습니다. 대통령님을 더 많이 존경하고 더 아주 많이 사랑합니다.

2020년 8월 11일 지O

경기도 남양주시 와부읍

이번 장마는 유난히 긴 것 같아요. 연이은 폭우로 인해 큰 피해가 났다고 들었습니다. 아무쪼록 피해를 보신 분들이 하루빨리 복구를 해서 일상으로 돌아가기를 기대해 봅니다. 지루한 장마로 인해 많은 사람이 지치고 힘들겠다고 생각했습니다. 이럴 때일수록 마음을 굳게 먹고 더 씩씩하게 견디어야 한다고 봅니다.

프랑스에서 간절히 기도합니다

우선, 대통령님의 건강이 너무 걱정됩니다. 병원 가신다는 소식은 한동안 듣지 못해 괜찮으시리라 마음을 달랩니다. 저는 지금 프랑스 파리에서 늦게 공부를 시작한 유학생입니다. 몇 년 전 유학길에 올랐을 때, 여성 대통령을 배출한 나라의 국민이라는 것에 얼마나 큰 자부심과 힘을 느꼈는지 모릅니다. 그러다 불안한 소식들을 접하고 타국에서 발만 동동 구르며 느낀 무력감이 지금까지 일상이 되어가고 있습니다. 아마 대통령께서 복권 되셔야 저의 무력감도 사라질 것 같습니다. 제 가슴속

영원히 남을 첫 여성 대통령! 부디 몸 보전 잘하시기를, 대통령님의 환한 미소를 하루빨리 다시 볼 수 있게 되기를 간절히 기도합니다.

2020년 8월 김OO

Paris, FRANCE

유학 생활은 힘들지 않으시나요? 저도 젊었을 때 프랑스에서 유학한 적이 있었습니다. 공부는 나이와는 상관이 없는 것 같아요. 늦었다고 생각할 때가 가장 빠르다는 말도 있잖아요? 남은 공부 열심히 하시고 좋은 추억 많이 만드시길 바랍니다.

Never give up!

우연히 유튜브 방송을 보다가 박 대통령께 국민이 보내는 편지를 다 읽고 위로받으신다는 소식을 접하고 이렇게 펜을 들었습니다. 하지만 무슨 말로 이 좁은 지면에 당신의 그 아픈 마음을 다 위로해드릴 수 있겠습니까. 어떻게 제 마음을 다 글로 형언할 수 있을까요.

우선 한 나라의 대통령께 당신이라 부르는 점을 너그럽게 이해해주세요. 그저 나이가 같은 동창생, 아니면 멀리 살고 있지만 친구가 되고픈 외로운 사람의 글이라 생각하시고 편하게 읽어주시기 바랍니다.

저는 전북에서 태어나 스물여섯 살에 결혼하여 딸 둘을 낳은 뒤 남편을 따라 미국에 이민을 왔습니다. 그 후 아들 하나, 딸 하나를 더 낳아

4남매를 둔 엄마로 벌써 40년째 이곳에서 살고 있습니다.

잘 아시겠지만 정든 고국을 떠나 말도 낯선 타국에서 이방인으로 산다는 것은 쉬운 게 아니었지요. 뒤도 한번 돌아볼 겨를 없이 살다 어느덧 일흔이 다 되어가는 지금, 언젠가는 인생의 짐을 다 내려놓고 가야 하는 저 생의 삶을 생각하고 있습니다. 절대자 앞에 서는 그 순간, 어떤 변명도 통하지 않는 그 자리에서 떳떳이 대답할 수 있는 삶을 살다 가야겠다는 일념으로 이른 새벽마다 기도를 드립니다.

제가 중학교 때 박정희 대통령께서 섬진강 댐에 시찰을 오신 적이 있습니다. 마침 우리 학교 앞을 지나시게 되어 친구들과 함께 태극기를 들고 나가 길 양쪽에 서서 환영을 했습니다. 그런데 왜 그때 눈물이 났는지 모르겠습니다. 가슴으로부터 뜨거운 눈물이 자꾸만 솟구쳐서 친구들이 볼까봐 닦고 또 닦던 기억이 선명합니다.

'내 일생 조국과 민족을 위하여' 사셨던 분, 낫을 잡고 벼를 베시던 모습, 새마을 운동으로 깜깜하고 어두웠던 마을에 처음으로 전기가 들어와서 온 동네 사람들이 손뼉 치며 좋아했던 날, 서독에 가셨을 때 광부들과 간호사들 앞에서 함께 우시던 두 내외분, 머리가 파 뿌리처럼 하얗게 센 할머니 할아버지들이 두 분이 떠나시던 날들, 땅을 치며 통곡하던 모습이 떠오릅니다.

그의 뒤를 이어 대통령이 되신 당신. 유창한 영어와 중국어, 스페인어와 프랑스어로 연설하시며 우아하고 단아한 자태로 세계를 순방하던 모습도 눈에 선합니다. 세계 어디를 가든 그 나라 국가 원수에게 환영받으셨고 그때마다 세련되고 아름다우셨습니다. 그런 모습이 담긴 영상들을 찾아보며 안타까워 우는 사람이 저 한 사람뿐일까요.

몸무게가 30kg대로 빠지셨다는 소식을 들었습니다. 가슴이 철렁 내려앉았습니다. 당신은 당신 자신의 혼자 몸이 아닙니다. 70년 동안 피땀 흘려 세워놓은 장한 나라, 대한민국의 대통령, 5천만 국민의 어머니라는 사실을 한시도 잊으시면 아니 됩니다. 당신이 없는 대한민국은 이 땅에 존재할 수 없다는 엄중한 책임감을 느끼십시오. 그러니 드시고 싶은 것 있으면 외부에서라도 주문하셔서 건강을 잘 챙기셔야 합니다. 좋은 영양제나 보약이라도 좀 부탁해서 드시도록 하세요. 그래서 머지않아 옥문이 열리는 날, 속이 시커멓게 탄 국민 앞에 의젓하고 당당한 모습으로 서시기를 간곡히 부탁드립니다.

처칠 수상이 한 말 "Never Give Up!"을 잘 아시지요? 지금 당신께서는 이 간단하고 의미 깊은 외침을 실천하셔야 할 때입니다. 성경의 욥기 23장 10절에는 "나의 가는 길을 오직 그가 아시나니 그가 나를 단련하신 후에는 내가 순금같이 나오리라."는 말씀이 있습니다. 당신을 더 연단하시고 훈련시키시어 더욱 찬란한, 아름다운 지도자로 우뚝 세우시려는 뜻임을 가슴에 새기시고 하루하루 즐겁고 감사한 마음으로 보내시기를 간청드립니다.

이 글이 무사히 당신 앞에 도착할 수 있을지 의문이지만, 또 당신의 마음에 얼마나 위로가 될지 모르겠지만 당신을 누구보다 사모하고 그리워하며 나 자신보다 당신을 위한 기도를 더 간절하게 드리는 한 여인의 마음으로 편지를 드립니다.

당신에게 글을 드릴 수 있다는 것만으로도 가슴이 뛰어 두서없이 적어보았습니다. 잘 도착이 된다면 종종 편지하겠습니다.

2020년 9월 11일 윤OO

Ellicott City, Maryland, USA

좋은 글 감사하게 잘 받았습니다. 편지글에서도 다 쓰시지는 못하셨겠지만, 말도 통하지 않고 낯선 미국 땅에서 얼마나 고생이 많았겠습니까? 하지만 고생하신 보람이 있어 자녀분들을 모두 잘 키우신 후, 평온한 삶을 살아가시는 모습이 그려져서 저도 훈훈해졌습니다. 덕분에 아버지와의 추억을 떠올릴 수 있었습니다. 시간이 지날수록 더욱더 그리운 아버지입니다. 이곳 구치소로는 외부음식의 반입이 허락되지 않습니다. 그리고 제 몸무게가 30kg로 빠졌다고 하셨는데 그 정도로 몸무게가 빠진 사실은 없습니다. 아마 누군가가 잘못 알고 과장한 소식을 들으신 것 같아요. "Never give up! ", 저도 잘 기억하겠습니다.

매일 밤 술로 지새워 20kg이나 쪘답니다

몇 날 며칠을 고민하며 써오던 글을 모두 삭제하고 다시 적어봅니다. 제가 아니어도 다른 수많은 국민의 편지 속엔 '죽고 싶다', '힘들다', '지옥이다', '망했다'가 가득할 테니까요. 밝고 희망적인 사건이나 이슈들, 그곳에서 접하기 어려운 소식들을 전해드리고 싶어도 대재앙의 시대에서 그마저도 녹록지 않은 게 지금의 현실이네요.

건강은 잘 챙기고 계시는지 궁금합니다. 17년 5월 이후 매일 밤을 술로 지새워 20kg나 살이 찐 제가 여쭤보기엔 좀 많이 민망한 질문이네요. 아직 아내가 이혼서류 안 들이민 게 다행이라고 생각하고 있습니다. 하하….

저는 17년 5월 이전까지만 해도 정치나 이런 쪽은 전혀 관심도 두지 않았고, '과거에 무슨 일이 있었던들 지금 나와는 관계없는 일이다.' 생각하고 살아왔습니다. 태평했던 거죠. 그런데 사람이 참 간사한 게, 당장 먹고사는 문제에 당면하니 관심을 안 가지려야 안 가질 수가 없겠더라고요.

탄핵 사태 이후, 급변하는 시장 속에서 어떻게든 살아남기 위해 몸부림치고 있습니다. 요즘 젊은 친구들 은어로 '똥구멍 쇼' 상황 속에서 그리고 '소득주도 성장'이라는 해괴망측한 정부의 정책 아래 몸과 마음은 모두 만신창이가 되어버렸습니다. 그래도 총선 이후 '나아지겠지, 나아질 거야.'라는 믿음으로 버티고 버텼습니다. 그러나 2020년 4월 15일, 출구조사 결과를 TV로 보자마자 운영하던 작은 가게 문을 닫고 저녁 장사를 포기한 채 조기 마감하고 흘러내리는 눈물을 연신 닦아내며 누가 볼까 두려워 걸어서 집으로 돌아왔습니다.

사실, 이명박 전 대통령, 박근혜 대통령님 시절엔 정부의 장관들이 누군지, 총리가 누군지 이름도 모르고 살았습니다. 그런데 지금은 저뿐만 아니라 전 국민이 경제부 홍남기, 복지부 박능후, 교육부 유은혜, 국토부 김현미, 외교부 강경화, 통일부 이인영 등등, 전문성이라곤 쥐똥만큼도 없는 장관이란 작자들 이름을 달달 꿰고, 심지어 일개 검사장인 한동훈까지도 외우고 살고 있습니다. 참 아이러니합니다.

사실 대통령께서 담뱃값을 인상했던 시절, 정말 원망 많이 했습니다. 그래도 선거 때면 표는 항상 새누리에 던졌습니다. 아마도 유럽의 설탕세와 비슷한 맥락일거라 생각했거든요. 단기적으로는 효과를 보진 못하지만, 장기적으로 봤을 때 국민의 건강과 흡연으로 인해 발생한 질병 등에 투입되는 건보 재정의 상승 부담을 미래 세대에 전가하지 않기 위해 선택하신 거라 믿었습니다.

한 가지 아쉬운 점은, 정치적으로 쟁점이 되는 그런 사안들을 지금 국민에게 대대적으로 노출하고 거국적 합의안을 도출하는 모양새로 갔다면 좋았을 것 같습니다. 정치인이라고 엄격, 근엄, 진지를 고수하는 것보다 언론, 방송에 많이 노출되어 대중의 사랑을 얻어야 정치적으로 밀어붙일 힘도 생기지 않겠습니까?

다만, 정치인도 사람이다 보니 주객이 전도되어 국정운영을 팽개치고 맹목적인 인기와 표심, 자본만 추구하는 상황을 피하신 것 같다고 감히 추측해봅니다. 꽤 오래전에 대통령께서 '힐링캠프'에 출연하셨을 때 참 반가웠는데 말입니다. 잘 알지도 못했던 시기였는데 그냥 좋았습니다. 방송에 나와 일반인과 다를 것 없이 소탈하고 검소하게 사는 모습이, 사람들 위에 군림하며 시종일관 탁상행정, 명령만 내리는 줄만 알았던 정치인들에 대한 선입견을 깨부수는 참 신선한 충격이었거든요. 뭐, 이미 다 지나간 이야기이긴 하지만요.

죄가 없는 죄로, 그곳에서 벌써 3년이란 시간을 보내고 계신 점이 참 애석합니다. 다시 정치하셔서 이 망국을 되살려 주셨으면 하는 개인적 바람이 크긴 합니다만, 현실적으로도 어렵고 지금 이 망국은 단군 할아버지가 온들 고개를 절레절레 흔드실 거라 생각이 듭니다. 또한, 평생을 정치판에서 국민을 위해 헌신하셨는데, 그 끝이 좋진 않아 미련이 많이 남으시겠지만, 마지막 여생이라도 편히 지내셨으면 좋겠다는 생각입니다.

물론, 지극히 개인적인 제 생각일 뿐, 대통령께서 옳다 하시는 길을 가실 땐, 묵묵히 응원하도록 하겠습니다. 희망차고 밝은 이슈들을 전해드리고 싶었는데, 정말 하나도 없네요. 하하하. 그래도, 박 대통령님 잊지 않고 사는 저와 같은 일개 국민이 있습니다. "힘내세요!"라는 말밖에 드릴 수 없는 현실을 마주하며 지금도 연신 눈물만 흘리는 제 모습이 서글프지만, 늘 기다리겠습니다.

2020년 9월 16일 원OO

서울 송파구 가락동

편지 내내 애틋한 마음이 느껴졌습니다. 국민만을 바라보면서 묵묵히 일하면 훗날 역사가 평가하지 않겠나 하는 생각으로 일해왔는데, 아쉬움이 많이 남습니다. 술을 드셔서 몸무게가 20kg나 늘어났다고 하시는데, 이제는 몸매관리를 좀 하셔야 하지 않을까 생각해봤습니다. 남에게 보여주기 위한 삶이나, 일부러 꾸민 삶은 처음에는 그런대로 보이지만 결국은 본 모습을 다 보여주게 될 수밖에 없다고 생각합니다. 앞으로 걸어가실 길이 많이 남아 있고, 좋은 미래가 기다리고 있을 테니, 기운을 내서 힘차게 걸어가시기를 바랍니다.

나의 아침을 열어주시던 대통령님

대통령님, 안녕하세요? 4학년 때부터 대통령께 편지를 드렸는데 제가 벌써 6학년이에요. 참 시간이 빨리 가죠? 아. 몸은 아주 괜찮아지셨나요? 아직 많이 아프시다고 들었는데 항상 걱정돼요. 정말 대통령님이 보고 싶어요. 아침에 눈을 뜨면 자주 텔레비전 뉴스에서 대통령님이 저를 맞이해주셨는데 요즘은 아침이 재미없어요. 하루빨리 다시 텔레비전에도 나오시고 우리나라를 이끌어주세요! 어른들 말씀을 들어보면 저는 정말 하루하루가 겁나고 무서워요. 대통령님이셨다면 정말 든직했을 텐데. 하지만 너무 힘들어하지 마세요. 또 혼자라고도 생각하지 마세요. 대통령님을 너무너무 존경하고 사랑하고 그리워하는 사람들도 많으니까요. 뭐, 저도 그런 사람이지만요.(하하하) 저는요, 대통령님을 항상 응원하고 있을게요. 제가 큰 도움이 되진 않겠지만, 대통령님은 제게 멋진 날들을 주셨으니까 저도 대통령께 작은 힘이라도 되고 싶어요. 이렇게 편지라도 쓸게요. 항상 건강하시고 힘내세요. 사랑합니다. ♥

2020년 9월 16일 김OO

몇 달 뒤에는 중학생이 되어 있을 OO양을 떠올려 봅니다. 아마도, 중학생이 되면 지금보다는 세상이 더 넓고 공부해야 할 것도 많다는 것을 알게 될 거예요. 항상 밝고 긍정적인 생각으로 세상을 넓게 바라보면서, 앞으로의 꿈을 위해 열심히 공부하길 바랍니다. 편지 잘 읽었어요.

대통령님의 푸르던 청춘

추석 명절이 다가오니 더욱더 대통령님 생각이 납니다. 예전에 아무것도 없던 시절에도 추석이면 송편이며 먹거리들을 나누어주시던 어르신들의 모습이 눈에 선합니다. 방금 쪄낸 송편에 참기름을 묻혀 굴리시던 어머니의 모습도 그립습니다.

그분들 모두 세상을 떠나시고 이제 제가 어른이 되어보니 철없던 시절에 어르신들께서 "한창 좋을 때다." 하시던 말씀이 새삼 가슴에 다가옵니다. 육십 고개를 넘으면서부터는 모든 사물이 예사로 보이지 않고 다 소중하게만 느껴집니다.

대통령님의 사진 중에서 젊은 시절, 한복을 곱게 입으시고 박정희 대통령과 함께 찍은 사진을 볼 때마다 바보같이 눈물이 납니다. 푸르른 청춘, 붉은 열정, 초록색의 우정들을 뒤로 한 채 책임 속에 감추어진 대통령의 젊음이 너무나 비통해서 울컥해지는 것입니다. 대통령님의 고우신 모습 뒤에, 세상 그 무엇보다 크고 무거운 짐을 지고 계신 것이 죄송하고 안타깝기 때문이지요.

하지만 지금도 대통령님의 가슴 속에는 그때와 똑같은 푸른 꿈과 국민에 대한 뜨거운 사랑, 그리고 세상 모든 것에 대한 연초록의 믿음이 귀하게 자리하고 있겠지요. 그러리라 믿습니다. 나의 귀한 임이시여.

2020년 9월 23일 안OO

서울시 중구 주교동

따뜻한 글, 잘 읽었습니다. 추석은 우리 민족의 최대의 명절이지요. 그래서 "더도 말고 한가위만 같아라."는 말도 있을 것입니다. 이번 추석도 이곳에서 보낼 것 같습니다. 저도 님이 말씀하신 그 사진을 좋아합니다. 아버지와의 추억은 시간이 흐를수록 더 새록새록 기억되는 것 같고, 더욱더 그리워집니다. 명절 잘 보내시길 바랍니다.

대한민국 공무원의 죽음, 북한의 만행

아름다운 금수강산에 아름다우신 여성 대통령이신 박근혜 대통령을 존경합니다. 사랑합니다. 그리고 죄송합니다. 건강은 어떠하신지 여쭤봅니다. 며칠이 지나면 추석입니다. 또 추석 명절을 차가운 곳에서 보내시게 해드려 마음이 많이 불편합니다. 계신 곳에서라도 따뜻한 음식 잘 드셨으면 좋겠습니다.

종북 주사파 놈들은 중국 폐렴 핑계로 명절 이동도 제한하고 가족마저도 해체하려는 짓거리를 하고 있습니다. 요즈음 큰 사건이 하나 터졌습니다. 대통령께서도 알고 계시겠지요. 대한민국 국민으로, 공무수행 중이던 공무원이 서해에서 표류하다 조류 때문에 북으로 넘어갔는데 북괴 놈들이 총으로 쏘아죽이고 시신을 불태워 바다로 버린 엽기적인 사건이 일어났죠. 군은 알고도 6시간 동안 침묵하고 종북주사파 놈은 보고 받고도 아무런 조치도 취하지 않고 방관하다 진실이 드러나니까 월북으로 몰아갔습니다. 그러다 사건이 커지니까 우왕좌왕하고 헛소리를 지껄이고 있습니다.

주사파 놈들의 거짓말도 한계에 온 것 같습니다. 희망 버리지 마시고 힘내주세요. 힘내주시리라 믿겠습니다. 말도 안 되는 험한 일을 겪고 계시지만 진실의 해는 뜰 것입니다. 힘차게 뜰 수 있는 해를 향해 미약한 힘이지만 보태겠습니다. 힘든 곳에 계시지만, 따뜻한 송편이라도 드셨으면 하는 바람입니다. 보고 싶은 대통령님, 늘 평안하시고 힘내세요.

2020년 9월 27일 원OO

경기 용인시 기흥구 마북동

저도 이곳에서 우리 공무원 한 분이 북한 해역에서 사살된 후 시신이 불태워진채 버려졌다는 소식을 전해 들었습니다. 아직 경위가 정확하게 밝혀지지는 않았지만, 정부 당국은 피살된 공무원이 월북하려는 정황이 있는 것 같다고 판단을 했고, 유족들은 피살된 공무원이 월북할 아무런 이유가 없다고 정부 발표에 강하게 항의한다고 들었습니다. 하지만, 어떤 이유에서도 이번 북한의 만행은 용서받지 못할 반인륜적인 범죄라고 생각을 합니다. 훗날 이번 만행에 개입한 북한 인사들은 반드시 이에 대한 합당한 대가를 치를 것입니다.

35번째 서신, 대통령님이 계신 것만으로도 위로가 됩니다

35번째 서신을 올립니다. 새벽 운동에 쌀쌀함을 느낍니다. 기온이 낮아지고 있는 계절. 건강은 어떠신지요. 추석 송편은 드셨는지요. 올 추석은 그저 긴 연휴로 의미 없는 휴식 기간이었지요. 나훈아라는 노장 가수의 TV 공연이 조금이나마 휑한 마음을 달래 주었죠. 무관중 공연이었으나 의미가 있던 것 같습니다. 공연 시청 후 여론조차 양분되었습니다. 우리가 너희를, 네가 또 다른 너를 못 믿고 헐뜯는 요상한 세상이 되어 가네요.

전염병을 이용하여 국민을 분열시키고 속여서 정권 유지에 이용하는 대한민국 현 정권, 장래가 암담합니다. 구심점 없는 애국심, 사심에 눈먼 야권, 언론, 종교계, 이들 놀음에 어쩔 줄 모르는 우리. 이런 우리를 길들이기에 들어간 정권. 정말 속만 상합니다.

저 자신도 어쩌자고 영어의 몸으로 계신 대통령께 즐거운 소식은 못 전하고 하소연 같은 이야기만 하는지. 동년배 친구들과 서로의 생각을 말하며 죽을 맞추는 것으로 이해하여 주시길 바랍니다. 우리 대통령님이 계신 것만으로도 이렇게 서신 올리고 마음의 위로를 받고 있습니다. 건강하셔야 합니다. 다음 서신 또 올리겠습니다.

2020년 10월 5일 고OO

경기 고양시 일산서구 일산동

그동안 보내주신 서신도 감사하게 잘 받아보았습니다. 추석 명절은 잘 보내셨는지요? 나라가 걱정된다고 하소연하시는 분도 많고, 울분을 토하면서 현 정부를 강하게 비난하시는 분도 많습니다. 그럴 때마다 저도 가슴이 답답해집니다. 나훈아 씨 공연 소식을 들었습니다. 특히, "테스 형, 세상이 왜 이래, 왜 이렇게 힘들어"라는 노랫말이 담겨있는 '테스 형'이라는 노래가 국민에게 많은 공감을 주었다고 들었습니다. 제게 편지를 쓰시면서 마음의 위로를 받고 계신다니 오히려 제가 감사합니다.

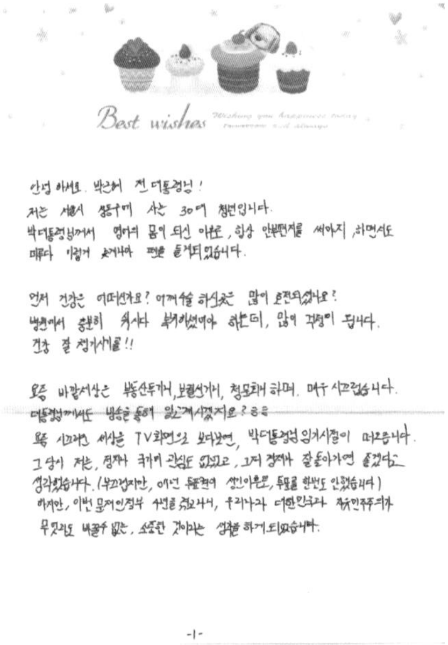

Best wishes

안녕하세요. 박근혜 전 대통령님!
저는 서울시 성동구에 사는 30대 청년입니다.
박대통령님께서 영어의 몸이 되신 이후로, 항상 안부편지를 써야지, 하면서도
미루다 이렇게 늦게나마 펜을 들게되었습니다.

먼저 건강은 어떠신가요? 어깨수술 하신곳은 많이 호전되셨나요?
병원에서 충분히 쉬시다 복귀하셨어야 하는데, 많이 걱정이 됩니다.
건강 잘 챙기시기를!!

요즘 바깥세상은 부동산투기나, 보궐선거나, 청문회나 하며. 매우 시끄럽습니다.
대통령님께서도 방송을 통해 읽고계시겠지요? ㅎㅎ
요즘 시끄러운 세상을 TV화면으로 보다보면, 박대통령님 임기시절이 떠오릅니다.
그 당시 저는, 정치나 국가에 관심도 없었고, 그저 경제나 잘 돌아가면 좋겠다고
생각했습니다. (부끄럽지만, 예전 투표권이 생긴이후로, 투표를 한번도 안했습니다)
하지만, 이번 문재인정부 4년을 겪고나서, 우리나라 대한민국과 자유민주주의가
무엇과도 바꿀수 없는, 소중한 것이라는 생각을 하게 되었습니다.

-1-

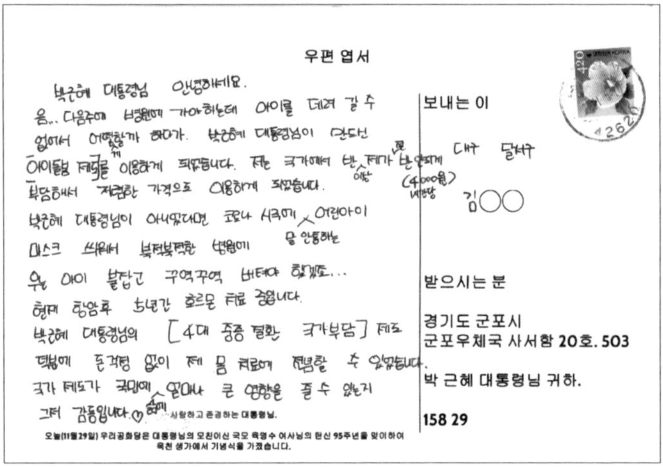

우편엽서

박근혜 대통령님 안녕하세요.
음... 다음주에 병원에 가야하는데 아이를 데려 갈 수
없어서 어떻할까 하다가. 박근혜 대통령님이 만드신
아이돌봄 제도를 이용하게 되었습니다. 저는 국가에서 반 제가 반 (4000원) 부담해서 저렴한 가격으로 이용하게 되었습니다.
박근혜 대통령님이 아니었다면 코로나 시국에 어린아이 마스크 씌워서 북적북적한 병원에 우는 아이 붙잡고 구역구역 버텨야 했겠죠...
현재 항암후 5년간 호르몬 치료 중입니다.
박근혜 대통령님의 [4대 중증 질환 국가부담] 제도
덕분에 돈걱정 없이 제 몸 치료에 전념할 수 있었습니다.
국가 제도가 국민에 얼마나 큰 영향을 줄 수 있는지
그저 감동입니다.♡ 사랑하고 존경하는 대통령님.

오늘(11월29일) 우리공화당은 대통령님의 모친이신 국모 육영수 여사님의 탄신 95주년을 맞이하여
옥천 생가에서 기념식을 가졌습니다.

보내는 이
대구 달서구
김○○

받으시는 분
경기도 군포시
군포우체국 사서함 20호. 503
박 근혜 대통령님 귀하.
158 29

▲ 국민들께서 보내주신 편지

▲ 교도관 OOO님이 크리스마스를 맞아 쓰신 엽서

|발행인의 글| 가로세로연구소

2017년 3월 10일, 헌법재판소에서 박근혜 대통령 탄핵이 결정되던 날. 수많은 국민의 마음 또한 무너져 내렸습니다. 수감 생활의 끝은 보이지 않았습니다. 4년이 넘는 시간은 바깥과의 단절이었습니다. 인내와 기다림, 그리고 외로움. 하지만 박근혜 대통령은 결코 혼자가 아니었습니다.

2017년부터 현재까지 많은 분께서 마음을 담은 편지를 보내주고 계십니다. 미래가 창창한 학생부터 청장년과 연세가 지긋한 노인 등, 다양한 연령층으로부터 온 편지에는 대한민국이 담겨있었습니다. 현 시국에 대한 정리, 나라를 향한 걱정, 소소한 일상 이야기, 과거에 대한 향수, 자신의 재능을 살린 그림 등. 애국심과 정겨움과 추억이 있었습니다.

각양각색의 편지를 홈페이지와 우편, 또는 교도소에 직접 방문하는 등의 다양한 방법으로 보내주셨습니다. 이 가운데는 매일 작성하시는 분도 계셨습니다. 각기 다른 방법이지만 사랑의 마음은 하나였습니다. 박근혜 대통령을 사랑하는 마음에 국경은 없었습니다. 프랑스, 미국, 일본 등의 해외에서도 많은 편지를 보내주셨습니다.

역대 어느 대통령이 이렇게 많은 국민의 편지를 받아보았을까요? 박근혜 대통령께서는 "이처럼 사랑이 담겨 있는 편지를 받을 수 있는 저는, 어쩌면 행복한 사람인지도 모르겠습니다."라고 하셨습니다.

인생은 희로애락의 반복이라고 했습니다. 4년여 간의 희로애락이 담긴 총 129편의 편지를 이 책에 담아보았습니다.

이름, 주소 등의 개인 신상 정보는 최대한 가렸으며, 읽기 쉽도록 편지 내용의 일부를 다듬었음을 알려드립니다. 편지의 소제목은 편집자가 임의로 작성했습니다.

삶도 마음도 어려운 시국입니다. 전거지감(前車之鑑)이라 했습니다. 2017년부터 지금까지의 편지를 통해 지난 대한민국의 상황을 돌아보는 일이 의미있으리라 생각합니다.

박근혜 대통령의 답장 가운데 "다시 만날 날을 고대하고 있겠습니다."

라는 말이 기억에 남습니다. 그 약속이 실현되어 국민 여러분과 다시 함께할 날이 오기를 간절히 바랍니다.

2021. 12.

가로세로연구소 소장 강용석,

가로세로연구소 대표 김세의 드림

수기로 마음을 전달하는 편지 문화가 사라진 오늘날, 수만 통의 편지를 전달받았습니다. 2020년 2월부터 수많은 편지들을 읽고 선별하기 시작했습니다. 영글지 못한 꼬마 아이의 삐뚤빼뚤한 글부터, 정성스레 한문으로 마음을 표현하신 어르신의 글 속에는 2010년대 후반의 대한민국 역사가 담겨있었습니다. 편지를 타이핑하고 정리하는 과정은 잊어버린 과거를 되새기는 시간이었습니다. 역사의 순간을 기록하는 일에 동참하게 되어 영광입니다. 대통령께서 많은 위로를 받으셨으리라 생각됩니다.

각양각색의 편지들을 관통하는 하나의 단어는 '그리움'이었습니다. 수 만 통의 편지를 보내주신 모든 분의 그리움을 담아보려 노력했습니다. 편지지에 새겨진 눈물 자욱까지 다 싣지 못했으나, 그렇게 모인 그리움이 여러분의 마음에 작은 위로가 되었기를 간절히 바라봅니다.

2021. 12

가로세로연구소 작가

정은이, 성채린 드림